高等院校信息管理与信息系统专业规划教材

信息系统分析与设计实训教程

主编　孙秀杰　关　胜　邵欣欣

参编　王　倩　姜　楠　田惠怡　陈廷斌　张益民

中国铁道出版社
CHINA RAILWAY PUBLISHING HOUSE
东软电子出版社

内 容 简 介

本书针对管理信息系统开发的全过程，通过一个完整的项目体现各个环节应完成的每项工作。

本书主要介绍了系统分析与设计的结构化生命周期法和面向对象法，通过对某超市采购、销售和库存业务背景的阐述，运用两种开发方法，从系统分析到系统设计及实施，每一个阶段、每一项工作，都以该项目为背景循序渐进地依次展开，最终形成一个体系完整的系统分析与设计报告。

本书内容分为6篇，前5篇以某超市为背景，提出超市的进货、库存和销售的业务需求，并对采购业务的全部分析和设计过程都给出了两套规范的解决方案；在第6篇"实验指导"中给出了17个实验。不论对于教师还是学生，本书都具有较大的参考价值和良好的可操作性。

全书通俗易懂，是一本理论联系实际、实践性较强的专业书籍，适合作为高校信息管理与信息系统、电子商务等专业的实训教材，也可以作为企业信息化培训的教材。

图书在版编目（CIP）数据

信息系统分析与设计实训教程/孙秀杰，关胜，邵欣欣
主编．— 北京：中国铁道出版社，2011.12
高等院校信息管理与信息系统专业规划教材
ISBN 978-7-113-13715-1

Ⅰ．①信… Ⅱ．①孙… ②关… ③邵… Ⅲ.①信息系
统－系统分析－高等学校－教材②信息系统－系统设计－
高等学校－教材 Ⅳ.①G202

中国版本图书馆CIP数据核字(2011)第207214号

书	名：	信息系统分析与设计实训教程
作	者：	孙秀杰 关 胜 邵欣欣 主编

策	划：	秦绪好 吴宏伟 张晓箐	读者热线：400-668-0820
责任编辑：		孟 欣 徐盼欣	
封面设计：		付 巍	
封面制作：		白 雪	
责任印制：		李 佳	

出版发行：	中国铁道出版社（100054，北京市宣武区右安门西街8号）
	东软电子出版社（116023，大连市软件园路8号）
印 刷：	航远印刷有限公司
版 次：	2011年12月第1版　　2011年12月第1次印刷
开 本：	787mm×1092mm　1/16　印张：9.75　字数：234千
印 数：	1～3 000册
书 号：	ISBN 978-7-113-13715-1
定 价：	22.00元（内含1CD）

版权所有　侵权必究

凡购买铁道版图书，如有印制质量问题，请与本社教材图书营销部联系调换。电话：(010) 63550836

打击盗版举报电话：(010) 63549504

前　言

　　信息系统是信息时代最为重要的基础设施。信息系统的分析与设计是极为困难的，开发信息系统也不是一件容易的事，然而，一旦这种开发得以很好地完成，从中得到的收益也是巨大的。本书主要解决的问题就是在理论学习的基础上，运用所学的专业知识进行系统分析和设计，最终开发出适用的软件。

　　作为信息系统分析与设计者，你将接受挑战，并且必须思考走过的道路，要学会理论，又要学会如何应用理论。

　　本书特色包括如下几点：

　　（1）实践教学与理论知识紧密结合，是一本配备完善的实训教程

　　本书从巩固理论知识、提高实践能力的角度出发，包括理论、实例、案例、系统实现、实验指导等章节，内容翔实，体系完善，是一本专门面向系统分析与设计实践课的指导教程。

　　（2）以一个完整的项目贯穿始终，自成体系

　　本书从系统分析到系统设计，每一个阶段、每一项工作，都以一个完整的项目为背景循序渐进，依次展开，最终形成一个体系完整的系统分析与设计报告。

　　（3）与企业实际项目接轨，接近实际

　　本书中不论是正文中的实例，还是实验指导中的实验，都来自于企业的实际项目，不但可以增强系统分析与设计的适用性，而且可以帮助学生更好地了解企业的实际情况，充分运用理论知识解决实际问题。

　　（4）提供了详细的课程指导，可操作性强

　　书中的所有实例和案例，都给出了规范的解决方案，同时，在实验指导中给出了 17 个实验，不论对于教师还是学生，都具有很好的可操作性。

　　本书由大连东软信息学院信息技术与商务管理系主管教学副主任孙秀杰教授和关胜、邵欣欣担任主编，全书的理论框架及实践内容设计由孙秀杰教授组织策划，并负责统编、修改及总纂定稿。全书共分 6 篇：第 1 篇由关胜、贺晓光、孙秀杰撰写，第 2 篇由孙秀杰、邵欣欣撰写，第 3 篇由孙秀杰、贺晓光撰写，第 4 篇由王倩、姜楠撰写，第 5 篇由陈廷斌、张益民撰写，第 6 篇由田惠怡、孙秀杰撰写。

　　本书的配套光盘开发由董秀芳完成，包含书中所有分析与设计的文档资料，以及某商业企业进销存系统的分析与设计文档，并附有各系统完整的实现代码，以网站的形式提供更多信息系统的分析、设计和实施案例，以及对相关理论知识的讲座等内容，为读者提供一个学习和交流信息系统分析设计知识的平台。

　　在此，还要感谢大连东软信息学院信息技术与商务管理系王晓煜、鲁艳霞、吴赜书等老师的大力帮助，是她们提供了宝贵的教学经验及丰富的教学资料，使得本书能顺利完成。

　　由于编者水平所限，本书尚有许多不足之处，恳请读者指正。

编　者

2011 年 5 月

目 录

第1篇　系统分析与设计方法概述

第2篇　某超市采购业务的结构化系统分析与设计

第3篇　某超市采购业务面向对象系统分析与设计

第 6 篇　实验指导

第1篇 系统分析与设计方法概述

本篇包括第1章与第2章。

第1章 详细介绍结构化系统分析与设计方法。在系统分析部分,主要阐述对企业需求、组织结构、功能体系、业务流程、数据流程、数据等内容的分析方法,建立系统的逻辑模型,形成系统分析报告等内容;在系统设计部分,主要介绍对功能模块、系统配置、代码、数据库、输入/输出、人-机界面等的设计方法,并最终形成系统设计说明书。

第2章 介绍UML图形元素的基本概念和特点,包括用例图、活动图、类图、交互图、状态图;按照需求分析、静态分析、动态分析的过程,讲述如何用UML图形从不同的方面描述系统,并展示系统设计者的设计意图;提供一套面向对象系统分析设计的流程。

第 1 章 结构化系统分析与设计方法

1.1 结构化生命周期法简介

任何一个信息系统都存在着产生、发展和消亡的过程，新系统在旧系统的基础上产生、发展、老化和消亡，被更新的系统所取代，这个过程称为生命周期。

结构化生命周期法的基本思想就是将整个信息系统的开发过程划分为系统规划、系统分析、系统设计、系统实施、系统运行和维护5个阶段。相邻的阶段间首尾相连，形成信息系统开发的周期循环过程，如图1-1所示。

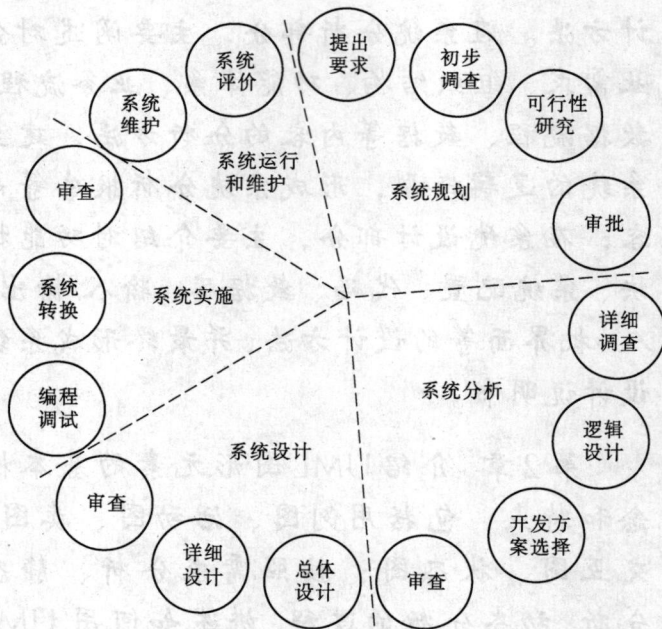

图 1-1 系统开发的生命周期

1. 系统规划阶段

系统规划阶段的主要任务是根据用户提出的系统开发请求，进行初步调查，明确系统要完成的主要功能、基本要求和要产生的信息，即确定总体结构方案，然后进行可行性研究，确定所要开发的系统是否可行，只有可行才可以进行后续工作。

2．系统分析阶段

系统分析阶段根据系统规划阶段所确定的系统总体结构方案，对现有的管理系统进行详细调查研究，从所获取的信息中分析出合理的信息流动、处理、存储的过程，即建立目标系统的逻辑模型。

3．系统设计阶段

当目标系统逻辑方案审查通过后，就可以开始系统设计了。系统设计阶段实际上是根据目标系统的逻辑模型确定目标系统的物理模型，即解决目标系统"怎样做"的问题。

4．系统实施阶段

在系统分析和系统设计完成之后，系统开发即进入实施阶段。新系统设计方案的成功实施是 MIS 生命周期中的一个重要阶段。系统实施是将新系统设计方案转换成实际运行系统的全过程。

5．系统运行和维护阶段

这个阶段是整个系统开发生命周期中最长的一个阶段，可以是几年甚至十几年。这一阶段要对系统的日常运行进行管理，并对系统进行评价和维护。

1.2　结构化系统分析方法

结构化系统分析方法是最早的正式信息系统分析方法之一，目前仍然得到广泛应用。

结构化系统分析方法在详细调查现行信息系统的组织结构、功能体系等情况的基础上，运用业务流图、数据流图等工具对现行信息系统进行详尽描述，进一步发现其存在的薄弱环节，并提出改进的设想。然后通过对新系统的各种方案和设想进行分析、研究、比较和判断，获得合理的新系统的逻辑模型。最后对逻辑模型进行适当的文字说明，形成系统分析报告，为系统设计提供依据。

下面介绍结构化系统分析方法的具体内容。

1.2.1　需求分析和组织结构分析

1．需求分析

用户需求指的是新系统必须满足的所有性能和限制，包括功能要求、性能要求、可靠性要求、安全保密要求、开发费用、开发周期和可使用的资源等方面的限制等。

需求分析要全面理解用户的各项要求，准确地表达用户的要求，又不能全盘接受所有的要求，因为并非全部要求都合理。

2．组织结构分析

企业的组织结构是指一个组织及其组成部分之间的隶属关系，或管理与被管理的关系。组织结构的调查与分析通常采用组织结构图来完成，如图 1-2 所示。

因为一般的组织结构图会将组织内部的部门划分以及其相互关系用图表示出来，所以通过建立组织结构图，可以详细了解各部门人员的业务分工情况和有关人员的姓名、工作职责、决策内容、存在问题和对新系统的要求等。

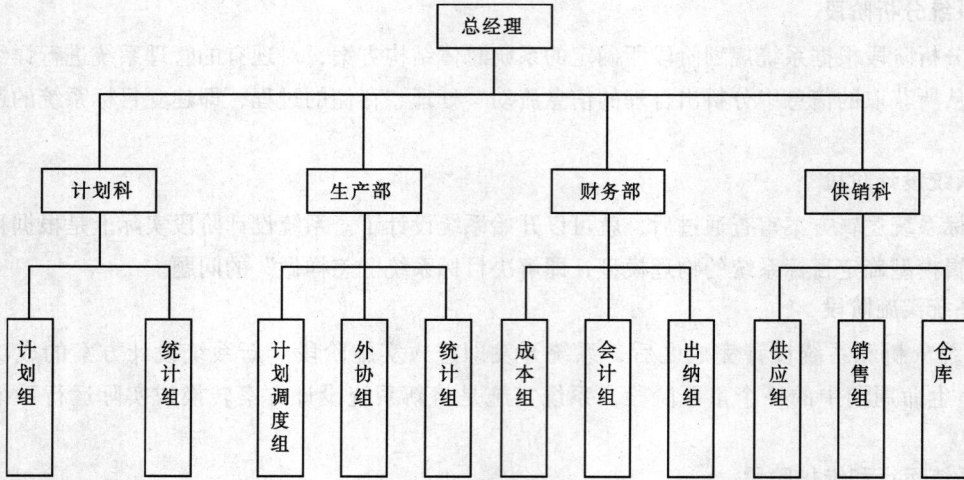

图 1-2 组织结构图示例

1.2.2 功能体系分析

功能体系调查可以了解或确定系统的功能构造。系统有一个总的目标,为达到这个目标,必须要完成各子系统的功能,而各子系统功能的完成,又依赖于它下面各项更具体的功能来执行。通常采用功能体系图对功能体系进行描述,如图 1-3 所示。

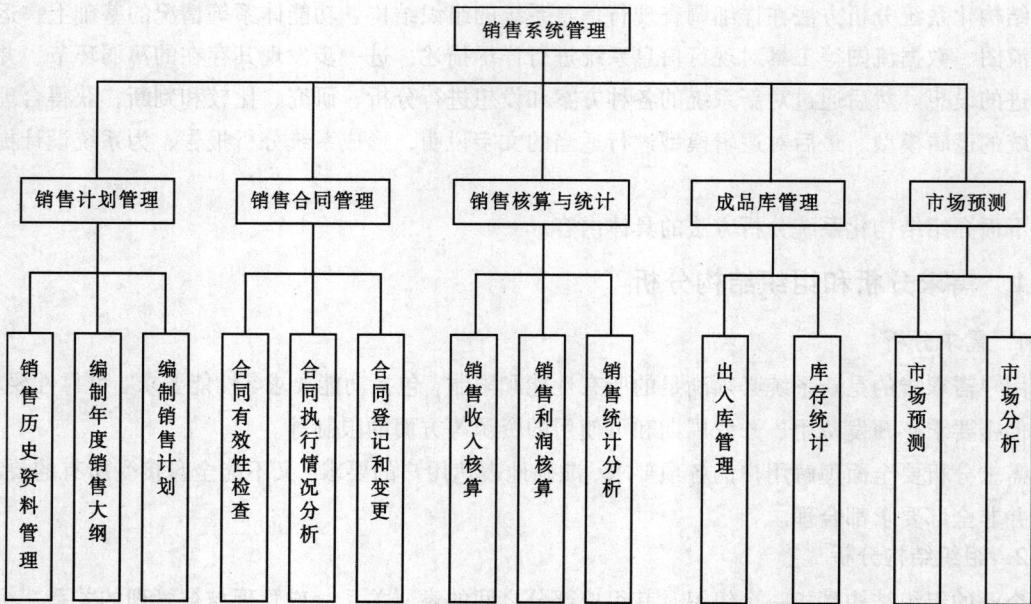

图 1-3 功能体系图示例

1.2.3 业务流程分析

业务流程分析可以帮助我们了解某项业务的具体处理过程,发现和处理系统调查工作中的错误和疏漏，修改和删除原系统的不合理部分，促成在新系统基础上优化业务处理流程。业务流图（transaction flow diagram，TFD）是业务分析最主要的一种工具，它用尽可能少的符号及连线来表示某个具体业务的处理过程。业务流图易于阅读和理解，是业务流程分析的重要内容。

1．业务流图的基本符号

业务流图有其基本的表示符号，如图 1-4 所示。

图 1-4　业务流图的基本符号

2．业务流图的绘制方法

业务流图的绘制方法如图 1-5 所示。

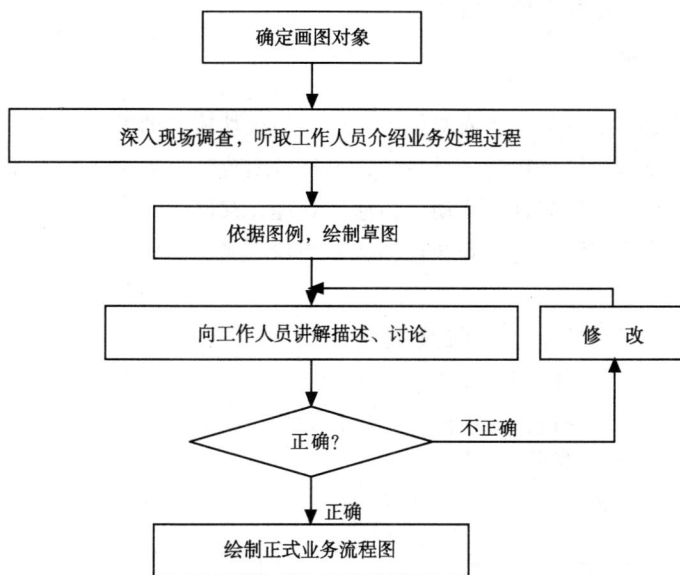

图 1-5　业务流图的绘制方法

业务流图绘制中的主要工作为以下 3 方面：

（1）确定画图对象

绘制业务流图，首先需要明确要对哪些业务流程进行描述，由此确定制图工作的对象范围。

（2）调查业务处理过程

通过现场调查和听取介绍，详细了解对象流程的实现机制，为绘制业务流图准备充分的原始数据。

（3）依据图例绘制业务流图

在详细了解目标流程后，依据业务流图规定的图例，将实际业务流程具体体现在流图中。

图 1-6 所示为某企业考勤业务流图的示例。

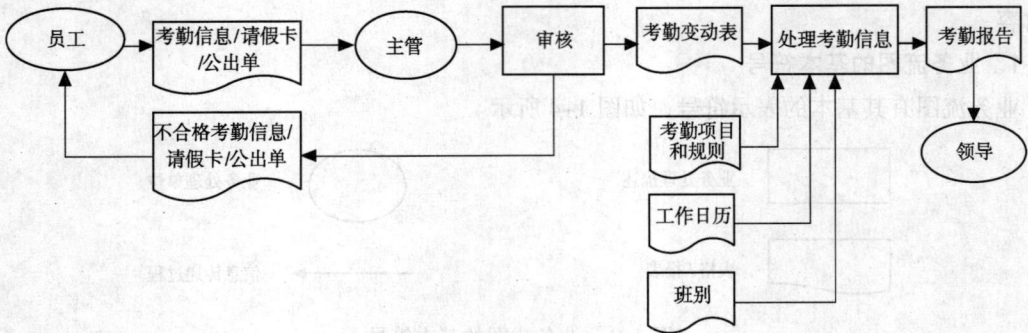

图 1-6 某企业考勤业务流图示例

业务流图的符号简单明了，非常易于阅读和理解业务流程，但它的不足是对于一些专业性较强的业务处理细节缺乏足够的表现手段。

1.2.4 数据流程分析

数据流程分析是把数据在组织（或原系统）内部的流动情况抽象地独立出来，舍去了具体组织机构、信息载体、处理工作、物资、材料等，单从数据流动过程来考查实际业务的数据处理模式。数据流程分析主要包括对信息的流动、传递、处理、存储等的分析。数据流程分析的目的是发现和解决数据流通中的问题。这些问题包括数据流程不畅、前后数据不匹配和数据处理过程不合理等。

现有的数据流程分析多是通过分层的数据流图（data flow diagram，简称数据流程）来实现的。其具体的做法是：按业务流图确定的业务流程顺序，将调查过程中所掌握的相应数据处理过程绘制成一套完整的数据流图，一边整理绘图，一边核对相应的数据、报表和模型等。

1. 数据流图的基本图例符号

数据流图有其基本的表示符号，如图 1-7 所示。

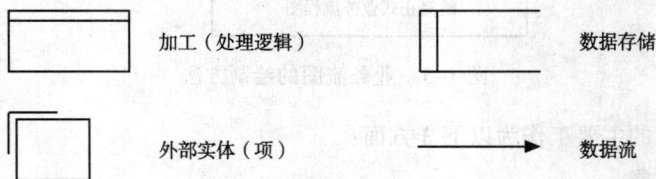

图 1-7 数据流图的基本符号

（1）加工（处理逻辑）

加工又称处理逻辑，用于描述对数据进行的操作，主要包括改变数据结构以及在原有的数据内容基础上增加新的内容，形成新的数据。加工符号用上部带一横线的小方框来表示。方框内必须表示清楚三方面的信息：一是综合反映数据流程、业务过程及本处理过程的编号；

二是处理过程的文字描述；三是该处理过程的进一步详细说明。加工（处理逻辑）的编号以 P 打头。

（2）数据存储

数据存储是数据暂时或永久存储的地方，一般用一个左边带一竖线右边不封口的矩形表示。数据存储符号包括表明数据文件的标识编码和文件名称两部分信息。数据存储的编号以 D 打头。

（3）外部实体（项）

外部实体（项）是指在所研究系统外独立于系统而存在的、但又和系统有联系的实体，它表示数据的来源和去向，可以是某个人员、组织、信息系统或某一事物。外部实体符号用一个小方框外加一个立体轮廓线表示，在小方框中用文字注明外部实体的编码和名称。外部实体（项）的编号以 S 打头。

（4）数据流

数据流表示一组确定的数据，其符号用直线、箭头加文字说明组成。例如，销售报告送销售管理人员、库存数据送盘点处理等。数据流的编号以 F 打头。

2．数据流图的层次结构

由于实际数据处理过程常常比较繁杂，故应该按照系统的观点，自顶向下地分层展开绘制。即先将比较繁杂的处理过程（不管有多大）当成一个整体处理模块来看待，然后绘出周围实体与这个整体模块的数据联系过程；然后再进一步将这个整体模块展开。如果该模块内部还涉及若干比较复杂的数据处理部分，则又可将这些部分分别视为几个小模块，同样先不管其内部，而只分析它们之间的数据联系。这样反复下去，直至最终明确所有的问题为止。具体的层次结构如图 1-8 所示。

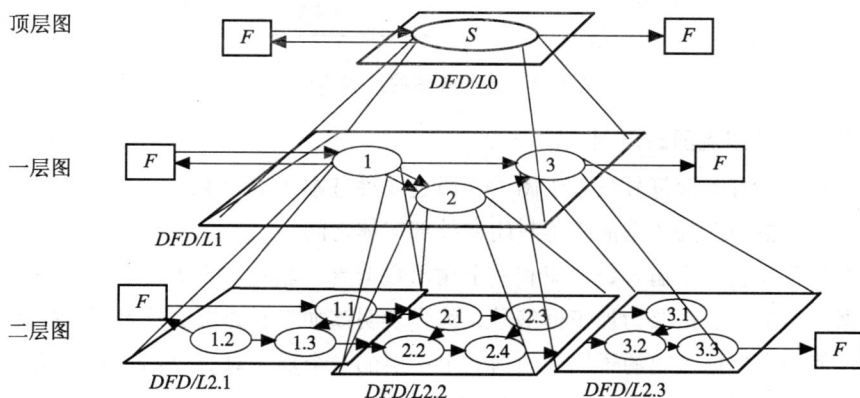

图 1-8　数据流图的层次结构

数据流图的层次结构中有以下 3 个概念：

（1）顶层

把整个系统看成一个整体，视系统为一个总的数据处理模块。只需指明该处理模块与有关外部实体之间的信息交换关系即可。顶层数据流图（环境视图）仅包含一个处理模块，它代表被开发系统，它的输入流是该系统的输入数据，输出流是该系统的输出数据。

（2）中间层

中间层流图表示对其上层即父图的细化。它的每一个处理模块可能继续细化，形成下一层即子图。

（3）底层

底层是对中间层数据流图的进一步分解，是研究子系统内部的数据处理、数据存储、信息流动与交换情况的必要手段。底层图指其"加工"不需再做分解的数据流图，它处在最下层。

3．数据流图的绘制方法

可以用图 1-9 所示的步骤来绘制数据流图。

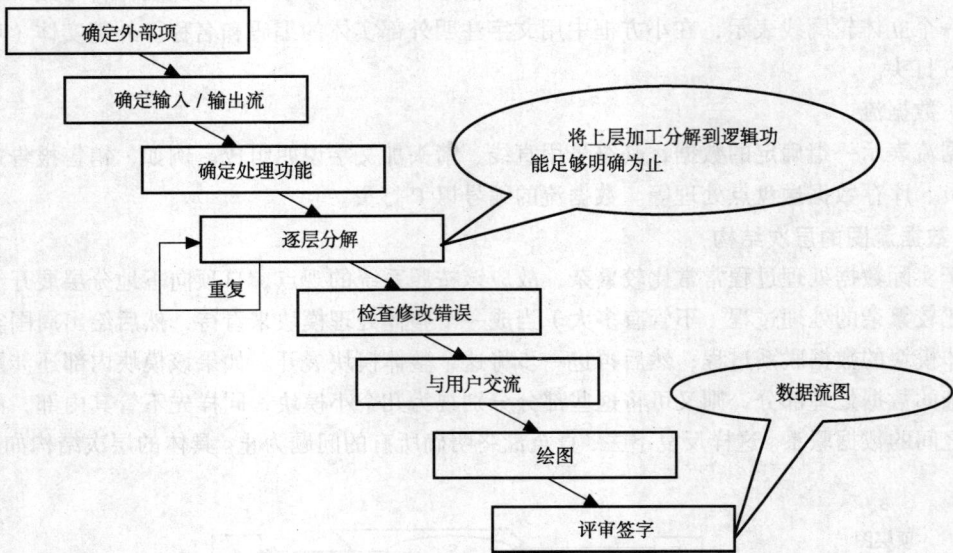

图 1-9　数据流图的绘制步骤

4．绘制和检查数据流图的原则

① 数据流图上所有图形符号只限于图 1-7 所述 4 种基本图形元素。

② 数据流图的主图上的数据流必须封闭在外部实体之间。

③ 每个加工至少有一个输入数据流和一个输出数据流，加工一般要用动词命名。

④ 在数据流图中，需按层为加工框编号，编号表明该加工所处层次及上下层的父子关系。

⑤ 规定任何一个数据流图的子图必须与它上一层的一个加工对应,两者的输入数据流和输出数据流必须一致，即要保证父图与子图的平衡。

⑥ 数据流图中不可夹带控制流。

⑦ 图上每个元素都必须有名字。

⑧ 初画时可以忽略琐碎的细节，以集中精力于主要数据流。

图 1-10 所示为某企业考勤数据流图。

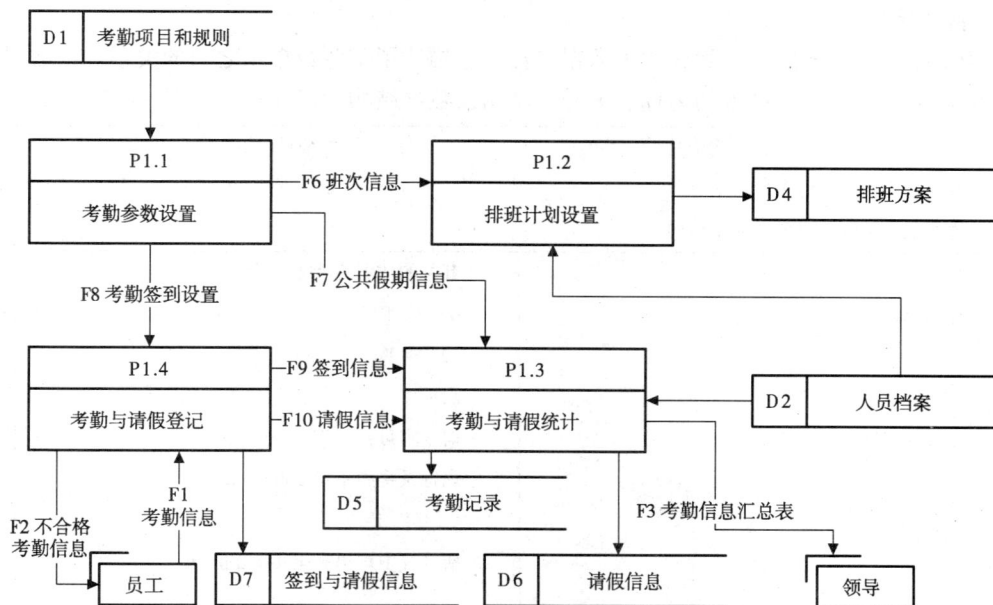

图 1-10　某企业考勤数据流图

1.2.5　数据字典

数据字典是以特定格式记录下来的、对系统的数据流图中各个基本要素（数据流、加工、存储和外部项）的内容和特征所作的完整的定义和说明，是对数据流图的重要补充。数据字典主要包括以下内容：

1. 数据项

数据项又称数据元素，是具有独立逻辑含义的最小数据单位。在数据字典中对它的定义包括：数据项的名称、编号、别名、说明、取值范围、长度及相关的数据结构等，如图 1-11 所示。

数据元素卡片	总编号：1-101
名称：顾客号	编　号：101
别名：C -NO，　C -NUM，CUSTOMER -NO	说明：本公司的顾客编号
数据值类别（连续／离散）：　连续 类型：字符 长度：（5） 范围：	有关编码的说明： 1××××——本市顾客 2××××——东北顾客 3××××——西北顾客 4××××——西南顾客 5××××——华东顾客 6××××——华中顾客 7××××——华南顾客
有关的数据结构/组合数据（使用场合）：订单，顾客细节	

图 1-11　数据项示例

2. 数据结构

由若干数据项构成的数据组合称为数据结构，它描述了某些数据项之间的关系。在数据字典中对它的定义包括：数据结构的名称、编号、说明及数据结构的组成等，如图 1-12 所示。

数据结构卡片	总编号：2-08
数据结构名称：订单	编　号：008
说明：表示顾客订单的数据结构	

结构描述：	有关的数据流/数据存储：
订单标识	D5，　F12，　F11，　F1，
订单日期	F2，　F4，　F5，　F14，
订单号	F15
顾客细节	信息容量：
顾客号	现行系统中平均 200 份/天
单位名称	
〔负责人〕	新系统中可提高至 1 000 份/天
电话	
〔办事处地址〕	
〔收货地点〕	
零件细节	
零件名称（1..20）	
数量（1..20）	

图 1-12　数据结构定义

3. 数据流

数据流表明系统中数据的逻辑流向，该数据可以是数据项或数据结构。在数据字典中对数据流的定义包括：数据流的名称、编号、说明、来源、去向、组成、流通量及高峰期流通量等，如图 1-13 所示。

数据流卡片	总编号：3-017
名称：不能供货订单项目	编　号：F17
来源：P6，检查可供应的库存	
去向：P13，记录不能供货订单项目	
说明：因为库存储备不够，不能及时供应的某些项目	

包含的数据结构：	
订单	信息容量：
订单标识	每周大约缺货 150 项
顾客细节	
零件细节	

图 1-13　数据流定义

4．处理逻辑（加工）

处理逻辑（加工）仅对数据流图中底层的各个处理逻辑加以说明。在数据字典中对它的定义包括：处理逻辑的名称、编号、说明、输入、处理过程、输出及处理频率等，如图 1-14 所示。

处理功能卡片		总编号：5-008
名称：检查顾客信誉		编　号：P3
说明：确定是否可以赊购或催款后供给		
输　入	逻辑概括	输　出
F2：订单 F10：顾客支付历史	若是新顾客，发催款单后供给 若是交易两年以上老顾客，目前欠款不超过一个月，可以赊购	F3：催款单 F4：可赊欠订单 F5：不可赊欠订单
处理逻辑细节：见逻辑设计说明书		

图 1-14　处理逻辑定义

5．数据存储

数据存储是指数据流的暂停或永久保存的地方。在数据字典中对它的定义包括：数据存储的编号、名称、简述、组成、关键字及相关的处理等，如图 1-15 所示。

数据存储卡片	总编号：4-03
名称：订单文件	编　号：D5
说明：满足订货要求的 6 个月以来的所有订单	
输入数据流：S12（F2-D2） 内容： 订单： 　　订单标识 　　顾客细节 　　零件细节	输出数据流：F14（D5-P10） 　　　　　　　F15（D5-P12） 立即存取分析 见逻辑设计说明书 物理组织 　　尚未确定

图 1-15　数据存储定义

6．外部实体

在数据字典中对外部实体的定义包括：外部项编号、名称、说明、输入的数据流及输出的数据流等，如图 1-16 所示。

外部实体卡片	总编号：6-03
名称：用户	编　号：S5
说明：满足订货要求的所有顾客	
输入数据流：订单 　　　　　　汇款单 特征： 用户编码 用户名称 地址 电话 负责人 …	输出数据流：发货单 　　　　　　付款通知 　　　　　　发票

图 1-16　外部项定义

1.2.6 新系统的逻辑模型

新系统逻辑模型的提出要以现行系统的数据流图为基础，并以新系统的目标为依据，通过逐渐修改现行系统的数据流图来实现。新系统的逻辑模型主要包括如下内容。

1．确定新系统的目标

确定新系统的目标，一方面要以现行系统存在的问题作为新系统开发的目标，另一方面要根据开发资源的情况，恰当地确定新系统开发的范围和进度。

2．确定新系统边界和人–机接口

在确定新系统的边界之前，首先要检查系统的边界是否有变更，以及边界上的输入和输出信息有无增减。确定人–机接口边界，即恰当地划分出哪些处理部分由计算机处理，哪些由人工来完成。

3．确定新系统的主要处理功能

首先是检查系统中的主要功能是否满足新系统目标的要求，若需增加新的功能，可以通过修改数据流图来实现。其次要检查每项功能的处理细节，每个数据存储文件是否都有保留的必要，是否要增加新的数据存储文件等。此外，还要合理地修订出新系统内部的各种数据流及其合理的流向。

4．确定新系统的数据处理方式

确定新系统的数据处理方式是选择硬件设备的重要环节。新系统的数据处理方式主要有联机处理和批处理两种，其中，联机处理适用于用户要求系统能及时反映某些数据处理结果，以及数据收集费用较高和处理负荷容易波动的场合；而批处理适于固定周期的、大量的、无法用联机方法处理的数据。

5．建立新系统的数据流图

结合现行系统的数据流图得到新系统的数据流图。

1.2.7 系统分析报告

系统分析报告又称系统说明书，反映了系统分析阶段调查分析的全部情况，是这一阶段的重要文档。用户可通过它来验证和认可新系统的开发策略和开发方案，而系统设计师则可以用它来指导系统设计工作和以后的系统实施标准。

系统分析报告主要包括如下内容：

① 概述；
② 现行系统概况；
③ 系统需求说明；
④ 新系统的逻辑方案；
⑤ 系统开发资源与时间进度估计。

1.3 结构化系统设计方法

系统设计以系统分析阶段的工作为依据，寻求新系统逻辑模型的实现方法，探索建立新系统的过程。系统设计给出了系统分析阶段建设的系统逻辑模型应如何去做和怎样去做的细节，其重点是把系统功能需求转化成系统设计说明书。系统设计包括总体设计和详细设计两部分。

总体设计又称初步设计或概要设计，内容包括：划分子系统（系统功能结构的划分）、模块结构图设计、信息系统流图设计和系统物理配置方案设计等。

详细设计是在总体设计的基础上，确定每个模块内部的详细执行过程。详细设计包括代码设计、数据库设计、输出设计、输入设计和其他设计等。

1.3.1　功能模块设计

功能模块设计方法是在结构化思想的基础上发展起来的一种用于复杂系统结构设计的技术，它运用一套标准的设计准则和工具，采用模块化的方法进行系统结构设计。

结构化设计方法采用分解的方法，运用数据流图、数据字典和模块结构图等工具，将整个系统分解为多个功能相对单一的模块，从而把复杂系统的设计转变为多个简单模块的设计。

1．模块结构图的基本图例符号

模块结构图是描述系统内各个组成部分的结构及其相互关系的工具，是结构化系统设计的一个图形工具，它能表达已经被分解成若干模块组成的系统结构的层次和通信关系。模块结构图由图 1-17 所示的基本符号组成。

图 1-17　模块结构图的基本符号

（1）模块

模块用矩形表示，通常是用一个名字就可以调用的一段程序语句。

（2）调用

调用在模块结构图中用连接两个模块的箭头表示调用，箭头方向总是由调用模块指向被调用模块，被调用模块执行后又返回到调用模块。箭尾若有菱形符号表示有条件地调用，若有弧形箭头表示循环调用。模块间的调用关系主要有 3 种：

① 直接调用。直接调用是最简单的调用关系，指一个模块无条件地调用另一个模块。直接调用如图 1-18 所示。

图 1-18　直接调用示例

② 条件调用。又称选择调用。如果一个模块是否调用另一个模块取决于调用模块内部的某个条件，则把这种调用称为条件调用，用菱形符号◇表示，其含义是根据条件满足情况决定调用哪一个模块。条件调用如图 1-19 所示。

③ 循环调用：又称重复调用。如果一个模块内部存在一个循环过程，每次循环中均需调用一个或几个下属模块，则称这种调用为循环调用或重复调用，用符号🗲表示，其含义是上层模块对下层模块的多次反复的调用。循环调用如图 1-20 所示。

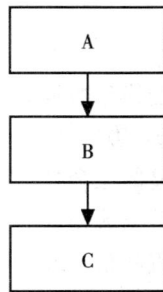

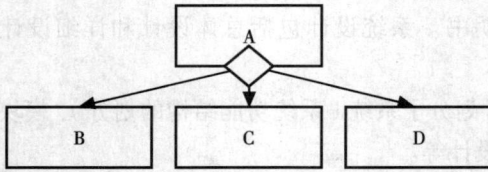

图 1-19　条件调用示例　　　　　　　　　　图 1-20　循环调用示例

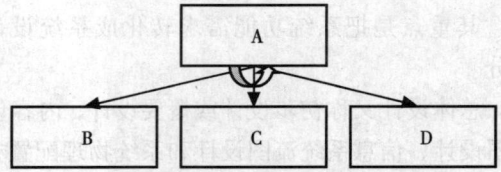

（3）数据

数据用带圆圈的小箭头表示从一个模块传递到另一个模块的数据。

（4）控制信息

带涂黑圆圈的小箭头表示一个模块传送给另一个模块的控制信息。

模块结构图的层数称为深度，一个层次上的模块总数称为宽度。深度和宽度反映了系统的大小和复杂程度。

2．模块调用和通信的规则

① 上层模块可以有一个或多个直属下层模块。

② 下层模块可以有一个或多个直属上层模块。

③ 同一层模块不能相互调用。

④ 每个模块只能调用其直属的下层模块，不能调用非直属的下层模块。

⑤ 模块间的通信只限于直属的上下层模块之间进行，可以是单向或双向，但不能越层进行。

3．由数据流图转化为模块结构图的方法

（1）变换型数据流图的转换

变换型数据流图呈现出一种线性结构，明显地分成输入、主加工、输出 3 部分，如图 1-21 所示。

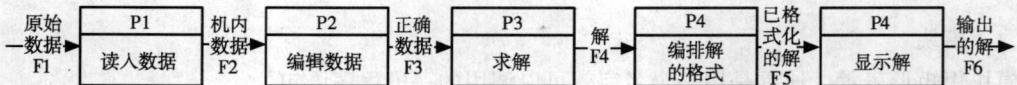

图 1-21　变换型数据流图

变换型数据流图依照如下步骤转换为变换型模块结构图：

① 确定变换中心。在变换型数据流图中多股数据流的汇合处一般是系统的变换中心。若没有明显的汇合处，可先确定逻辑输入和逻辑输出的数据流，作为变换中心。从物理输入端开始，沿着数据流输入的方向向系统中间移动，直至到达不能被作为系统输入的数据流为止，则前一个数据流就是系统的逻辑输入。从系统的物理输出端开始，向系统的中间移动，可找出离物理输出端最远的、但仍可作为系统输出的部分就是系统的逻辑输出。逻辑输入和逻辑输出之间的部分是系统的变换中心。

② 设计模块结构图的顶层和第一层。系统模块结构图的顶层是主控模块，负责对全系统进行控制和协调，通过调用下层模块来实现系统的各种功能。在与变换中心对应的位置上画出主控模块，作为模块结构图的"顶"，然后"自顶向下，逐步细化"，每一层均按输入、变换中心、输出等分支来处理。

为变换型数据流图中的每个逻辑输入设计一个输入模块，它的功能是向主控模块提供逻辑输入数据；为变换型数据流图中的每个逻辑输出设计一个输出模块，它的功能是把主控模块提供的数据输出；为变换型数据流图中的变换部分设计一个变换模块，它的功能是对逻辑输入进行加工处理，变换成逻辑输出。

③ 设计中、下层模块。根变换型数据流图将系统模块结构图中第一层的各模块自顶向下逐级向下扩展，形成完整的系统模块结构图。输入模块的功能是向调用它的模块提供数据，故需要一个数据来源。因此，为每个输入模块设计两个下层模块：输入模块和变换模块；为每个输出模块设计两个下层模块：输出模块和变换模块，直到物理输入端或物理输出端为止。图 1-22 所示为变换型数据流图转换成变换型模块结构图的示例。

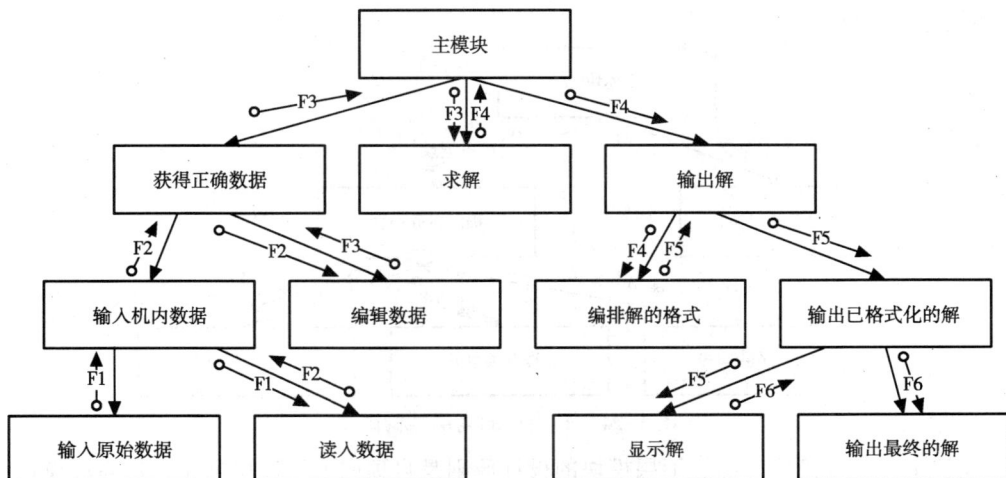

图 1-22　变换型数据流图转换成变换型模块结构图示例

（2）事务型数据流图转换为事务型模块结构图

事务型数据流图呈束状结构，即一束数据流平行流入或流出，可能同时有几个事务要求处理，如图 1-23 所示，该类型图中通常可以确定一个处理为系统的事务中心。

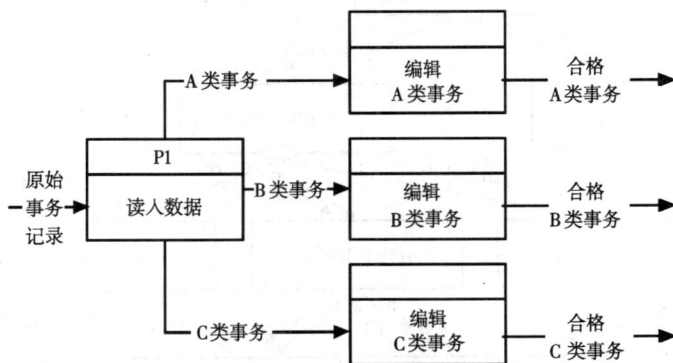

图 1-23　事务型数据流图

事务中心具备 4 种逻辑功能：获得原始的事务记录；分析每一个事务，以确定它的事务类型；为事务选择相应的逻辑处理路径；确保每一个事务能得到完全的处理。

事务型的数据流图依照如下步骤转换为事务变换型模块结构图：

① 分析数据流图，确定事务中心。从一般意义上讲，事务可以是指一个信号、一个时间或一组数据，它们在系统中能引起一组处理动作。在数据处理工作中，一件事务是指一组输入数据，它可能属于若干类型中的一种，对于输入到系统中的每一种事务都需要采用一组特定的处理动作。如果数据沿着输入通路到达一个处理 T，这个处理根据输入数据的类型在若干动作序列中选出一个来执行，那么，处理 T 称为事务中心。事务中心用于接收原始的事务记录，分析每一事务并确定它的类型，并根据事务类型选择一条逻辑处理路径。

② 设计高层模块。高层模块需要设计成一个输入模块和事务中心模块。输入模块用于控制输入数据的接收工作。事务中心模块用于分析事务类型，调用相应的下级模块。图 1-24 所示为一个高层模块的示例。

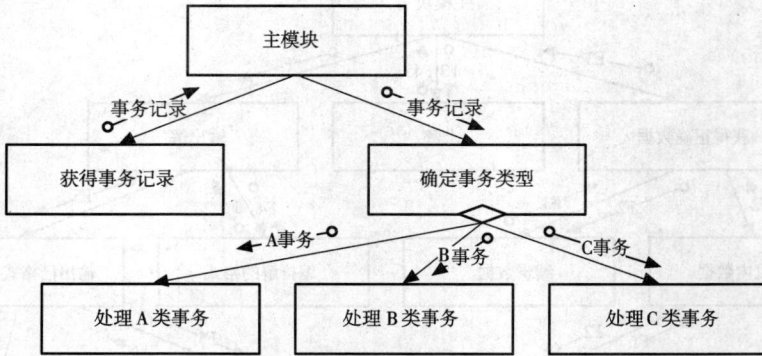

图 1-24 转换后的高层结构图

③ 设计中、下层模块。中、下层模块的设计原则是自顶向下，逐层细化，对高层模块进行必要分解，形成完整的模块结构图。将事务中心前的输入处理转换成输入模块的中、下层模块，完成数据输入。将事务中心的不同事务处理转换成事务中心模块的中、下层模块。图 1-25 所示为转换后的事务型模块结构图。

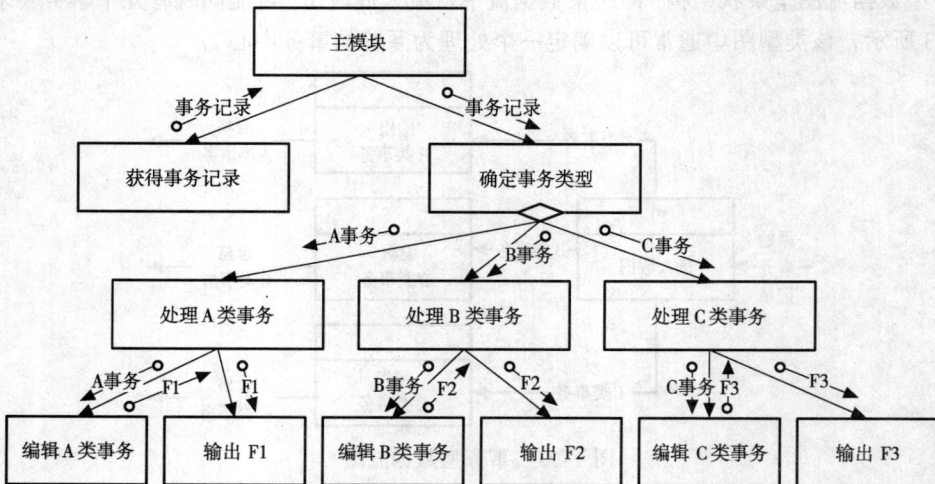

图 1-25 转换后的模块结构图

当初始的系统模块结构图完成后，应根据模块结构设计的原则进行检查和改进，特别是应按照"耦合小，聚合大"的标准对结构图进行检查和修改。

1.3.2　系统配置设计

1．设计依据

系统配置设计中将以系统吞吐量、系统响应时间、系统可靠性、数据库类型和地域范围等因素作为设计的主要依据。

2．设计内容

系统配置设计主要包括硬件和软件两部分。

在硬件配置设计中，需要确定开发新系统所需要的计算机主机、外围设备、联网设备等硬件设备的配置方案；在软件配置设计中，则需要确定操作系统、网络协议、数据库产品以及应用软件等的选择方案。

1.3.3　代码设计

代码是代表客观存在的实体及其各种属性的符号，如数字、字母或它们的组合。使用代码可以使数据的表达方式标准化，节省存储空间，便于信息的传递和进行分类、合并、检索等处理，提高计算机处理信息的效率。代码的种类主要有顺序码、区间码和助记码 3 种。

顺序码又称系列码，是一种用连续数字代表编码对象的代码。其优点是短而简单，记录定位方法简单，易管理。但由于没有逻辑基础，本身不能说明任何信息的特征，新加的代码只能列在最后，删除则造成空码。顺序码通常作为其他码分类中细分类的一种补充手段。

区间码把数据项分成若干组，每一区间代表一个组，码中数字的值和位置都代表一定意义。其优点是信息处理比较可靠，检索、分类和排序都很方便，但区间码的长度与它的分类属性有关，可能造成码位过多，修改时比较困难。

助记码用文字、数字或文字数字结合起来描述，原封不动地表示代码化对象属性，易记易读，可通过联想帮助记忆。

代码设计是在系统调查与分析的基础上，确定系统内需要代码化的实体，给出编码结构和编码规则，以及对所有编码对象实施编码，从而为系统建立一套统一而科学的代码体系。代码设计的步骤如下：

①　确定代码化实体：根据对信息的调查分析和信息系统的要求，在基本数据项中选取需代码化的对象并加以汇总。

②　代码结构设计：对每一个代码化的对象，确定其代码结构类型和具体结构形式（即确定码长、位组的划分及每一位组的含义等）。

③　确定编码规则：给每一个位组规定其取值类型、范围及各种值对应的含义等。

④　实施编码：按照代码结构及编码规则，对每一个代码化对象赋予具体代码。

⑤　建立计算机代码体系：将所有手编代码，按实体为单位转换为一个个计算机存储的代码对照表文件。

1.3.4　数据库设计

数据库设计分为系统需求分析、概念设计、逻辑设计和物理设计 4 个阶段。

1．系统需求分析

在系统需求分析阶段，首先要确认设计范围，在此基础上调查分析信息需求，处理信息需求并收集数据，最终建立需求说明文档。

2.概念设计

将需求分析得到的用户需求抽象为信息结构（即概念模型）的过程就是概念结构设计。概念设计阶段需要确认实体及实体间的联系，给实体及联系加上必要的属性，画出系统的全局 E-R 图。

设计概念结构有如下 4 类方法：

① 自顶向下。

② 自底向上。

③ 逐步扩张。

④ 混合策略。

概念结构设计的步骤：

① 进行数据抽象，设计局部 E-R 模型，即设计用户视图。

② 集成各个局部 E-R 模型，形成一个全局 E-R 模型，即视图的集成。在视图集成的过程中，可能发现一些冲突，需对视图做适当的修改。

E-R 图由 3 部分组成，即实体、属性和联系。E-R 图的符号如图 1-26 所示。

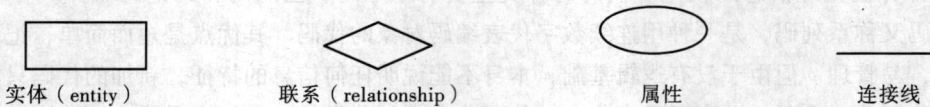

实体（entity） 　　　 联系（relationship） 　　　 属性 　　　 连接线

图 1-26 E-R 图的符号

例如有如下的需求：

设计学生寝室的费用管理系统，学生每年要交纳的费用包括水费、电费。一个学生只能住在一个寝室，而一个寝室可以住多个学生，每个寝室有一个水表和电表。该需求的 E-R 图如图 1-27 所示。

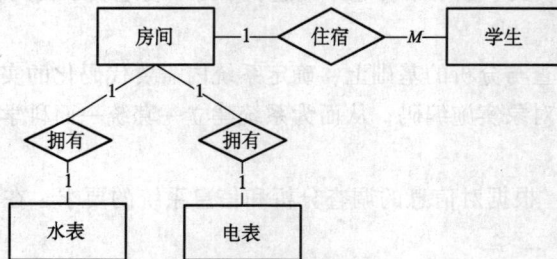

图 1-27 学生寝室费用管理系统 E-R 图

各个实体的属性如下：

房间（寝室号，寝室电话）

学生（学号，姓名，性别，年龄，系别，入学时间）

水表（水表号，抄表日期，水表基数，水表现数，单位价格）

电表（电表号，抄表日期，电表基数，电表现数，单位价格）

3.逻辑设计

在逻辑设计阶段，将概念设计阶段建立的 E-R 模型转换为关系模型，并按需要进行关系规范化，最终实现模式优化。

转换原则为：

① 一个实体型转换为一个关系模式实体型的属性转换为关系的属性；实体型的码转换为关系的码。

② 一个 m∶n 联系转换为一个关系模式与该联系相连的各实体的码以及联系本身的属性共同组成关系的属性；各实体码的组合形成关系的码。

③ 一个 1∶n 联系可以与 n 端对应的关系模式合并。合并后在 n 端关系中加入 1 端关系的码和联系本身的属性；合并后关系的码不变。

④ 一个 1∶1 联系可以与任意一端对应的关系模式合并。合并后一端的关系中加入对应关系的码和联系本身的属性；合并后关系的码不变。

根据上述规则，概念设计中得出的 E-R 图可转化为如下的关系模式：

房间（寝室号，寝室电话，水表号、电表号）

学生（学号，姓名，性别，年龄，系别，入学时间，寝室号）

水表（水表号，抄表日期，水表基数，水表现数，单位价格）

电表（电表号，抄表日期，电表基数，电表现数，单位价格）

4．物理设计

为一个给定的逻辑数据模型选取一个最适合应用要求的物理结构的过程称为物理设计。

数据库的物理设计通常分为两步：

① 确定数据库的物理结构，在关系数据库中主要指存取方法和存储结构。

② 对物理结构进行评价，评价的重点是时间和空间效率。

1.3.5　输入/输出设计

1．输入设计

在输入设计阶段，要确定输入的数据内容、输入方式、记录格式、输入设备等，还要完成输入数据的正确性检验。

输入设计需要遵循如下原则：

① 最小量原则。在保证满足处理要求的前提下使输入量最小。输入量越小，出错的机会越小，花费时间越少，数据一致性越好。

② 简单性原则。输入的准备、输入过程应尽量容易，以减少错误的发生。

③ 早检验原则。对输入数据的检验尽量接近原数据发生点，使错误能及时得到改正。

④ 少转换原则。输入数据尽量用其处理所需形式记录，以免数据转换介质时发生错误。

⑤ 减少延迟原则。输入数据的速度往往成为提高信息系统运行效率的瓶颈，为减少延迟，可采用周转文件、批量输入等方式。

输入设计主要包括如下内容：

① 确定输入数据内容。确定输入数据项名称、数据内容、精度、数值范围等。

② 确定数据的输入方式。数据的输入方式与数据发生地点、发生时间、处理的紧急程度有关。若发生地点远离计算机，发生时间是随机的，又要求立即处理，则采用联机终端输入。对于数据发生后不需要立即处理的，可采用脱机输入。

③ 确定输入数据的记录格式。这是输入设计的主要内容之一。记录格式是人-机之间的衔接形式，十分重要，设计得好，容易控制工作流程，减少数据冗余，增加输入的准确性，并容易进行数据的检验。

④ 输入数据正确性检验。这是输入设计的重要内容。输入设计最重要的问题是保证输入数据的正确性。对数据进行必要的检验，是保证输入正确的重要环节。

⑤ 确定输入设备。大多数数据的输入是通过相应的输入接口软件和通过屏幕界面完成的。输入设计的格式主要有简列式、表格式和全屏幕编辑 3 种方式。

简列式把一组相关的数据项，按顺序排成几列，输入时只要按顺序逐个地输入数据，完成一组数据的输入。简列式格式简单、直观、易用程序实现。适用于输入数据项不多的情况，如图1-28所示。

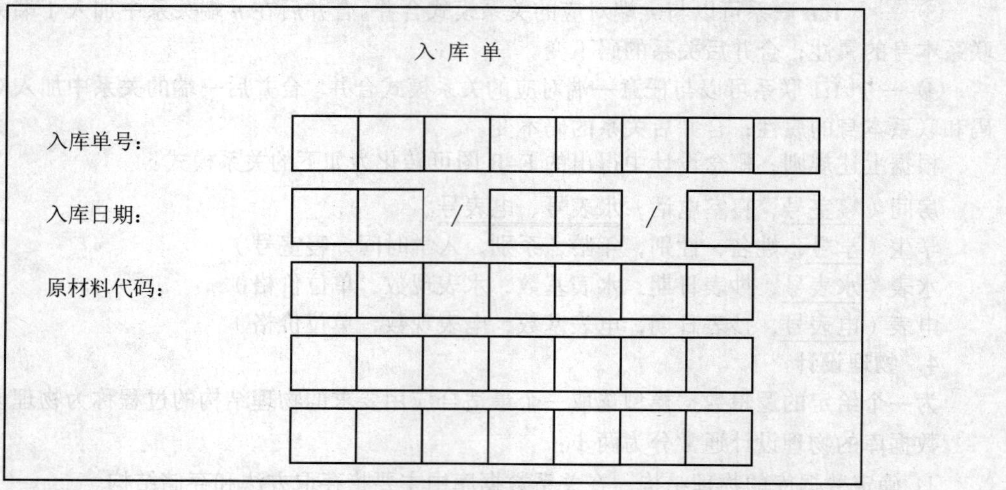

入 库 单

入库单号：

入库日期：   /   /

原材料代码：

图1-28 简列式输入方式示例

表格方式是把一组输入的数据项排列成一张空白表的格式，操作员像填表一样输入数据，所以称为"表格式输入方式"。表格式符合人们的日常习惯。但要注意应很好地安排屏幕，尽量与数据载体的格式一样，这样输入操作不易出错。表格方式如图1-29所示。

职工人事信息卡

职工代码		姓名		性别		籍贯	
出生年月		政治面貌		文化程度		职务	
部门		职称		参加工作时间			
工资		电话		邮编			

图1-29 表格式输入方式示例

全屏幕编辑方式利用数据库语言系统本身提供的全屏幕编辑功能，可以在屏幕上造出一张与数据库文件相一致的二维关系表。移动记录指针或选择字段，能够实现记录的追加、修改和删除等操作。该方式操作方便、实时性高、编程简单，适合于计算机专业人士使用。使用全屏幕编辑方式应注意数据文件的安全性保护。全屏幕编辑方式如图1-30所示。

XH	YY	SX	YW	JSJ
9801	89	90	80	95
9802	90	80	80	80
9803	89	86	90	80
9804	70	78	89	86

图1-30 全屏幕编辑方式示例

2．输出设计

输出设计是从信息输出角度，通过对输出设备、输出内容、输出界面、输出控制等方面的分析研究，确定出可行的输出设计方案。输出设计与输入设计有密切的联系。信息一般可以采用屏幕输出、报表输出和其他途径输出等形式。屏幕输出又可分为文本输出、图表输出、图形图像输出和音频输出等形式。其中，输出报表和输出图表是输出设计的主要形式。

报表是信息系统中重要的输出形式。从用户的观点来看，信息太少的报表是没有价值的，所以报表必须包括接收者所需要的信息。然而，报表上的信息太多也会令人感到疑惑和难以理解，在设计报表时，首要的目标是与用户的具体信息需求相一致。基于工作性质的不同，报表通常可以分为明细表、例外报表和汇总表。

明细表用来反映在确定的时间范围内的事务活动的详细情况，强调对信息反映的翔实性。在明细表中也会出现一些冗余信息和汇总信息，但更侧重于反映明细信息，如图 1–31 所示。

雇员工作时间

打印日期：07/11/2010   第 1 页

制订日期：07/10/2010

商店号	雇员姓名	职位	正常工作时间	加班时间	总工作时间
8	曹伟坤	职员	20.0	0.0	20.0
8	陈 宇	职员	12.5	0.05	12.55
8	陈越红	助理经理	40.0	0.0	40.0
8	丁秀慧	职员	32.7	0.0	32.7
8	丁学东	职员	16.0	8.5	24.5
8	董长征	职员	40.0	0.0	40.0
8	费希露	职员	20.0	0.0	20.0
11	冯 涛	职员	15.0	0.0	15.0
11	甘小兵	职员	15.0	0.0	15.0
11	高刚强	职员	4.8	10.0	14.8
11	韩全喜	职员	40.0	0.0	40.0
11	王 丽	职员	20.0	0.0	20.0
11	李东生	职员	10.0	12.0	22.0
11	高海洋	职员	40.0	1.5	41.5
11	梁 俊	助理经理	40.0	8.4	48.4
17	刘 胜	职员	40.0	0.0	40.0
17	刘 韵	职员	40.0	11.0	51.0
17	刘震宇	职员	40.0	0.0	40.0
17	孟 钢	职员	20.0	0.0	20.0
17	潘海明	职员	32.0		32.0

图 1–31　简明细表输出方式示例

例外报表显示满足一个或多个具体条件的记录。当用户需要某类特定的记录而不需要知道所有详细记录的时候，例外报表是比较合适的。例外报表的输出方式如图 1-32 所示。

加班工作时间

打印日期：07/11/2010　　　　　　　　　　　　　　　　　　第 1 页

制订日期：07/10/2010

商店号	雇员姓名	职位	加班时间
8	曹伟坤	职员	0.0
8	陈　宇	职员	0.05
…	…	8 分店汇总：	8.55
11	冯　涛	职员	0.0
11	甘小兵	职员	0.0
…	…	11 分店汇总：	31.9
17	刘　胜	职员	0.0
17	刘　韵	职员	11.0
17	刘震宇	职员	0.0
…	…	17 分店汇总：	11.0

图 1-32　例外报表输出格式示例

汇总表反映业务活动的综合信息。高层管理者经常需要了解汇总信息而不是详细信息。一般情况下，组织中的高层管理者所需要的报表比基层所使用的报表更为概括。汇总表的输出方式如图 1-33 所示。

雇员工作时间汇总表

打印日期：07/11/2010　　　　　　　　　　　　　　　　　　第 1 页

制订日期：07/10/2010

商店号	正常工作时间	加班时间	总工作时间
8	181.2	8.55	189.75
11	184.8	31.9	216.7
17	172	11	183
总计	538	51.45	589.45

图 1-33　汇总表输出格式示例

图表是输出的另一种主要形式。一般来讲，用图表分析及比较数字信息比报表更直观。图表分为散点图、折线图、条形图和饼图等类型。

散点图是表现数据变化趋势的图表。散点图可以反映数据变化的规律和趋势，如图 1-34 所示。在企业管理过程中，通常用散点图反映业务过程的历史数据，然后通过散点图来预测业务未来的变化趋势。

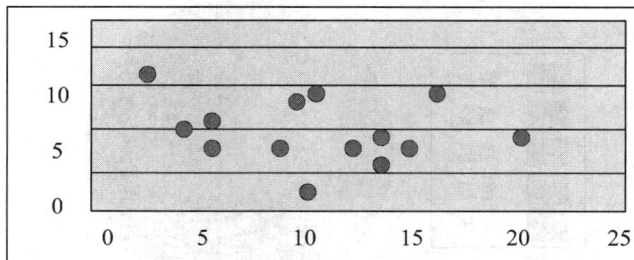

图 1-34　散点图输出形式示例

折线图用来反映一定时间区间内数据变化的波动情况，如图 1-35 所示。折线图也可以表现数据的变化趋势，但与散点图的区别在于折线图增加了时间维数，因此，它能够表现出数据随时间变化的趋势。折线图可以用来比较在相同时间范围内，两个或多个事件的变化情况。

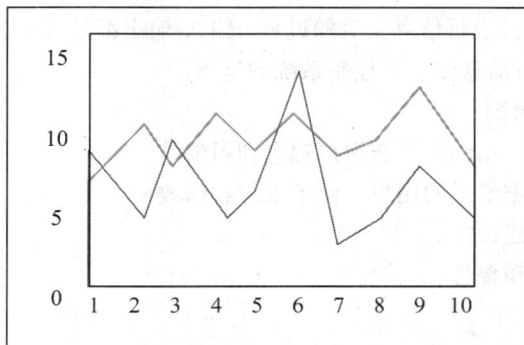

图 1-35　折线图输出形式示例

条形图用来表现各分量之间的关联关系和比例关系。按照图中的条棒的方向，可以把条形图分为水平条形图和垂直条形图。水平条形图用来对相同时间区间内的不同项目进行比较，而垂直条形图用来对不同时间区间中同一项目的情况进行比较。图 1-36 所示为垂直条形图的例子。

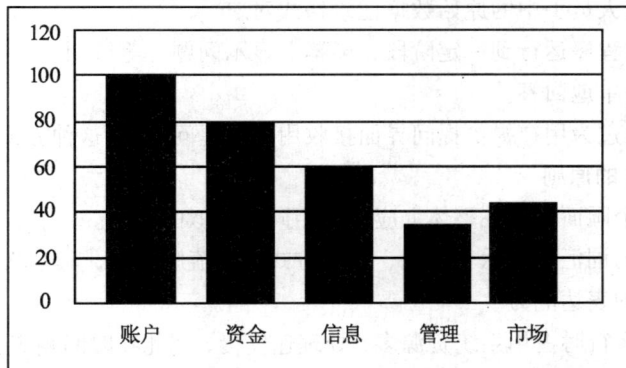

图 1-36　条形图输出形式示例

饼图通过圆和多个扇面来表示整体和部分以及各部分在整体中所占的比例。图 1-37 所示为饼图的例子。

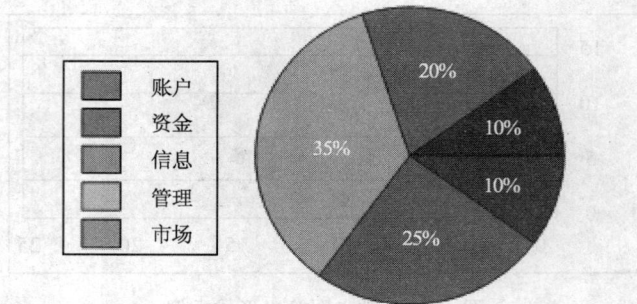

图 1-37　饼图输出形式示例

1.3.6　人-机对话设计

1. 人-机对话的概念

人-机对话是人与计算机进行信息交流的过程。输入/输出都是人-机对话，用户通过屏幕、键盘等设备可以与计算机进行信息交换，控制系统的运行。

2. 人-机对话设计的原则

① 对话要清楚、简单，用词要符合用户观念和习惯。

② 对话要适应不同操作水平的用户，便于维护和修改。

③ 错误信息设计要有建设性。

④ 关键操作要有强调和警告。

3. 人-机对话的方式

人-机对话通常采用菜单、填表、回答、提问等方式进行。

菜单式人-机对话方法指系统在屏幕上显示各种可供选择的内容，用户根据提示用键盘或鼠标做出简单选择性回答。一般在功能调度模块或程序中进行简单的功能项目选择。通常采用下拉式、弹出式、级联式、平铺式等形式。

填表式对话方法将要输入的项目先显示在屏幕上，用户根据项目输入相应的数据。屏幕上显示的表格应尽量与操作人员手中的原始数据记录格式对应。

回答式对话方式指程序运行到一定阶段，屏幕上显示问题，等待用户回答。回答方式也应在屏幕上提示，让用户简单地回答。

提问式对话方式通过为用户提供提问界面接收用户的提问信息，这种方式主要用于用户查询。

4. 人-机对话设计的原则

① 用户界面的各个画面设计在整体上应保持相同或相似的外观。

② 用户界面使用的词汇、图示、颜色、选取方式、交流顺序等，其意义与效果应前后一致。

③ 正确使用图形的表达能力。

④ 管理信息系统运行时占用系统资源多，处理速度慢，因此在时间响应要求高、硬件资源档次较低的环境中不宜使用。

1.3.7　系统设计说明书

系统设计阶段的工作，最终将以系统设计说明书的形式体现出来。系统设计说明书既是系统设计阶段的工作成果，也是系统实施的重要依据。

系统设计说明书主要包括如下内容：

① 引言。

② 系统总体技术方案。

- 模块设计；
- 代码设计；
- 输入设计；
- 输出设计；
- 数据库设计；
- 网络设计；
- 安全保密设计；
- 实施方案说明。

③ 实施的计划安排。给出各项工作（文件编制、用户培训等）的预定开始和结束的日期，规定各项工作完成的先后次序及工作完成的标志。

第 2 章 — 面向对象技术

20 世纪 80 年代以来，以类和对象为核心的面向对象技术已经在软件工程界受到广泛关注，面向对象的编程技术 Java、.Net 等，已成为主流的编程技术。面向对象的程序设计思想已经被越来越多的软件开发人员所接受，它强大的生命力不仅仅在于其新颖的计算机程序设计思想，更主要的是这种新思想更接近人类的思维模式，更易于用软件描述纷繁错杂的现实世界。程序员用这种思想开发软件时，可以很大程度地提高编程效率，减少软件的维护费用。面向对象的软件开发技术超越了传统的程序设计方法，给计算机软件业带来了突飞猛进的发展。

2.1 面向对象技术概述

1．面向对象技术发展与特点

与面向对象程序开发技术相匹配，面向对象的系统分析设计方法也应运而生。面向对象的程序设计和面向对象的分析设计方法是一致的，只是在有些概念的称呼上稍有不同，在后文会加以说明。

面向对象技术的主要特点有以下几点：

① 可提高软件的重用性。

② 可改善程序的可维护性。

③ 能够更好地支持大型程序的设计。

④ 增强了计算机处理信息的范围。

2．类与对象

类是现实世界中对具有相同特征的一系列对象的抽象。类是一个抽象的概念，每个类都可以实例化为很多对象，对象是现实世界中存在的事物。每个类都有属于自己的属性和方法。属性是一个类区别于其他类的特征，方法是一个类的所有对象都具有的行为或者功能。每个对象针对于类的属性，都有一个属性值。对象之间用传递消息进行信息交互。

例如，将所有的人抽象成一个类，类名是"人"。世界各地的所有的人都是"人"类的对象。"人"类有属性，如姓名、年龄、国别、身高等，还具有方法，如吃、喝、行走、学习等。假设有一个人，他的姓名是王二，年龄是 28 岁，国别是中国，身高是 1.78 m，王二能够吃、喝、行走、学习。那么"王二"、"28 岁"、"中国"、"1.78 m"就是属性值。如果王二想与其他人或者其他类的对象沟通，就要进行消息传递。例如，他可以通过语言告诉别人到吃饭的时间了，通过手势告诉别人过来，这都是在传递消息。

3．类的特性

类有几大特性，一般包括抽象性、继承性、多态性和封装性。

（1）抽象性

抽象是指在用面向对象的方法描述一个系统时，从为数众多的具体事物里，抽取出共同的属性和方法形成一个类。抽象还有一层含义，那就是每个类的属性和方法都是非常多的，在描述系统时，只把与系统相关的属性和方法抽象出来，无关的那些则不需要考虑。

例如，在医疗管理系统里，我们关心人的姓名、性别、体重、血型以及身体的各项医疗指标，而不关心人的籍贯、身份证号、家庭住址等信息，但这些信息却是户籍管理系统所关心的。

（2）继承性

当 B 类包括了 A 类所有的属性和方法，而 B 类里还有一些 A 类里不具有的属性和方法，则称 B 类继承了 A 类，A 类是父类，B 类是子类。例如，食品类具有的属性有名称、重量、营养值等。而在食品中包括水果，水果是一种食品，所以，食品类是父类，水果类是子类。水果类里包括了所有食品类的属性，还有一些食品类没有的属性，如水分值，这是水果类区别于其他食品类的特征。在水果中，还包括苹果，那么，苹果类就继承了水果类的属性和方法，水果类就成为父类，苹果类就成为子类。

（3）多态性

多态性是指不同的类具有相同的方法。比如窗户类、盒子类、计算机类，都有打开的方法。但是打开的方法不同，打开的对象也不同。打开窗户是转动手柄推开窗户，打开盒子是把盒子盖掀掉，打开计算机是按下计算机的开关。打开这个动作，当处理的对象不同时，具体办法就不同了。这意味着对于不同类的相同名称的方法，可以有不同实现，这就是类的多态性。

（4）封装性

封装性是指将对象的共同的行为或者功能抽象成为类的方法，只留给用户必要的提供信息的渠道作为接口，将方法的实现过程变成用户无法触及的类的内容。例如，汽车能够提供给驾驶者很多功能，它能够加速行驶，能够停止行驶。对于驾驶者来说，只要踩油门汽车就可以加速，而不用关心汽油是怎样提供能量使车轮转动的技术细节，这就是封装。油门就是汽车留给驾驶者的接口，是驾驶者与汽车内部系统的信息交互的通道。

2.2 UML 概述

统一建模语言（UML）是一个通用的可视化建模语言，用于对软件进行描述、可视化处理、构造和建立软件系统制品的文档。

UML 是由面向对象技术的专家 Rumbaugh、Booch 和 Jacobson 合作产生的，现在最新的版本是 UML 2.0。UML 从开始产生到现在，经历了方法学大战阶段、统一阶段、标准化阶段和工业化阶段，现在已经广泛地用于许多行业和领域。实践证明，UML 作为一种提供思想交流模板的建模语言，能够极大地提高人们的工作效率。

UML 将系统看成是由若干对象构成的，对象间进行信息交互，向外部用户提供一定功能，分为静态结构和动态结构。静态结构是指系统中的类的属性和方法，以及类之间的关系是与时间无关的，在任何时间，静态结构都是一致的。动态结构是指在时间的顺序上，系统的对象间进行信息交互，完成一定的功能。UML 通过各种视图，描述系统的各个方面，表述一种想法、一种认识。

UML 以一系列标准化的表示方法为准，提供了用户沟通的渠道。

下文各 UML 图均用软件 Rose 2003 绘制。

2.3 UML 基本元素构成

UML 基本元素包括用例图、类图、交互图、活动图、状态图。

1. 用例图

用例图一般表示出用例的组织关系——要么是整个系统的全部用例，要么是完成具有功能（例如所有安全管理相关的用例）的一组用例。

用例图的主要目的是帮助用户以一种可视化的方式理解系统的功能需求。用例描述的是系统提供给系统用户的一个功能。一个系统能够提供给外界用户诸多功能，每个功能都是一个用例。用例图中包括基于基本流程的角色、系统内的用例以及用例之间的关系。角色是参与系统运作的人、部门或者其他系统。如果要在用例图上绘制一个角色，可绘制一个人形符号，并在下方标出角色的名称。如果要在用例图上显示某个用例，可绘制一个椭圆，然后将用例的名称放在椭圆的中心或椭圆下面的中间位置。如果某角色参与了某用例，则在角色和用例之间用直线连接。如果角色和用例之间用带箭头的直线连接，箭头的方向表示角色与用例之间的主动参与和被动参与的关系。系统边界是用来表示正在建模系统的边界。边界内表示系统的组成部分，边界外表示系统外部。系统边界在画图中方框来表示，同时附上系统的名称，参与者画在边界的外面，用例画在边界里面。因为系统边界的作用有时候不是很明显，所以系统边界在画图时可省略。用例图的基本元素如图 2-1 所示。

面向对象分析与设计中的泛化与面向对象程序开发中的继承是一致的。用例之间有泛化关系、包含关系和扩展关系。用例间的泛化关系是表示用例的一般与特殊的关系。在图 2-2 中，用例 1 是父用例，用例 2 和用例 3 都继承于用例 1，是用例 1 的子用例。从理论上说，子用例包含了父用例的内容，并且包含了一些父用例中不具备的内容。

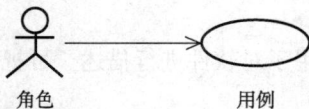

图 2-1 用例图基本元素　　　　　图 2-2 用例间的泛化关系

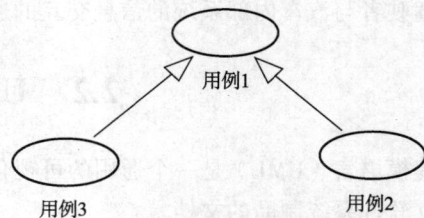

在确定用例之间的关系时，应该注意扩展与包含之间的相似点和不同点。二者都意味着从几个用例中抽取那些公共的行为并放入一个单独用例中，则这个用例就被其他几个用例包含或扩展。但包含和扩展的目的是不同的。

用例间的包含关系是指一个用例中需要纳入另外一个用例的全部内容。在图 2-3 中，用例 1 和用例 2 都包含了用例 3，也可以说用例 1 与用例 2 共享了用例 3。

用例间的扩展关系表示的是在基用例的扩展点上将新用例加入进去，作为在一定情况下需要执行的内容。如图 2-4 所示，用例 1 是基用例，将用例 2 扩展到用例 1 里。

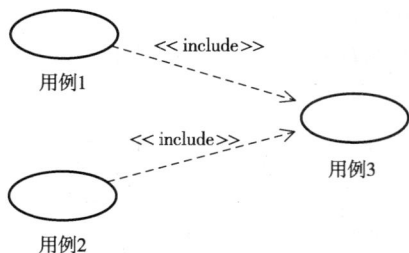

图 2-3　用例间的包含关系　　　　　图 2-4　用例间的扩展关系

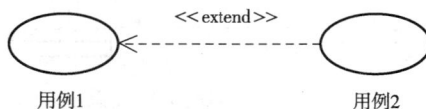

2．类图

类图表示不同的实体（人、事物和数据）的内部构成，以及实体之间如何彼此相关，它显示了系统的静态结构，在类图中无须考虑时间因素。在整个软件开发生命周期中，类图都会被分析师、业务建模人员、开发者和测试者使用。

类图中的类用一个矩形表示，从上到下分为 3 个区，如图 2-5 所示。顶部区域显示类的名字，中间的区域列出类的属性，底部的区域列出类的操作。当在类图中画一个类时，必须要有顶端的区域，下面的两个区域是可选择的。也就是说，画一个类时，类名一定要有，属性和方法可以根据情况取舍。

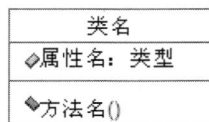

图 2-5　类的基本结构

在类图中，表示属性的标准格式是：

［可见性］属性名［多重性］［：类型］［＝初始值］

表示方法的标准格式是：

［可见性］方法名（参数列表）［：返回类型］

其中，属性及操作都要标明可见性。可见性有 4 种类型，其中 public、private、protected 分别为公有类型、私有类型、保护类型，省略修饰符则表示具有 package（包）级别的可见性，如表 2-1 所示。图 2-5 中的属性名和方法名前的方块表示属性和方法是公有类型的，这是在 Rose 2003 中定义的符号，与绘图的软件有关。

表 2-1　UML 支持的可见性类型

UML 中的表示方法	可见性类型	UML 中的表示方法	可见性类型
+	public	#	protected
−	private	默认	package

在一般情况下，属性和方法不需要把所有的项目都写出来，只要简写成图 2-5 中的格式就可以了。

类之间有关联、泛化、组合和聚合 4 种关系。关联关系是由于对象之间在现实世界中的联系导致类之间具有的关系。在图 2-6 中，公司类和员工类是关联的关系，因为公司类的对象会雇佣员工类的对象。"雇佣"是现实世界中发生的行为，是对象间的关系。因为对象间的雇佣关系，导致类之间具有的关系就是关联关系。在两个类之间的连线上至少需要标出关联名和多重性(重数)。图 2-6 中，关联名是类的对象间的关系，就是雇佣关系。多重性是指关联关系的类的对象间的数量对应关系，公司和员工是一对多的关联关系。

在面向对象分析与设计中，有一个非常重要的概念：继承。它指的是一个类（子类）继承另

29

外的一个类（父类）的所有属性和方法，并在此基础上增加它自己的新属性和方法。为了表示两个类之间的继承关系，需要从子类拉出一条带空心三角形箭头的实线指向父类。值得注意的一点是，在 UML 中，父类又称超类，继承又称泛化。如图 2-7 所示，车类和轿车类是继承关系，车类是父类，轿车类是子类。

图 2-6 类之间的关联关系　　　　　图 2-7 类之间的泛化关系

当两个类之间存在包含、构成等关系的时候，就可以认为是这两个类是聚合关系。图 2-8 中"风格"是属于"圆形"的内容的一部分，如"圆形"线的粗细、虚线实线等，所以圆形类和风格类是聚合关系。

组合是一种强聚合，表示类之间的整体与部分的关系。如图 2-9 所示，桌子是由桌面和桌腿构成的，那么桌子类和桌面类、桌腿类就是组合关系。由于一张桌子是由 4 个桌腿和 1 个桌面构成的，所以在图中要用重数表明这种数量关系。

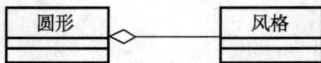

图 2-8 类之间的聚合关系　　　　　图 2-9 类之间的组合关系

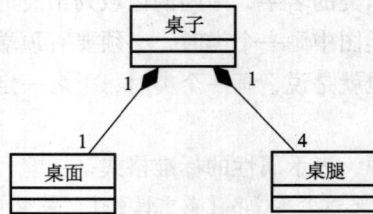

聚合和组合关系很相近，聚合和组合关系的区别主要有以下两个方面：

① 组合关系的两个类的生命周期是相同的。图 2-9 中，如果桌子消失了，桌面和桌腿就不存在了。聚合关系的两个类的生命周期是不一致的。图 2-8 中，圆形如果不存在了，但是圆形的风格仍会存在，并且还可以用于其他图形，不仅仅是圆形。

② 组合关系是一种部分构成整体的关系，例如桌面和桌腿构成桌子。而图形包含图形风格，但是图形风格是图形的一个特性，而不是图形的组成部分。

3．交互图

交互图中包括顺序图和协作图，这两种图在内容上是等效的，可以相互转化。这里重点讲述顺序图。

顺序图是在时间的顺序上描述对象间的信息交互，所以顺序图是一种动态图。顺序图的基本格式如图 2-10 所示。

角色和对象、对象和对象间是通过消息传递完成对象间的方法调用和信息交互的，消息按照时间的顺序，在顺序图上从上到下排列。用顺序图可以描述用例的内容，并且可以很容易地从顺序图中找到类的方法。

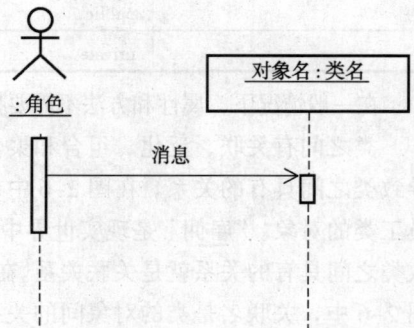

图 2-10 顺序图的基本结构

4．活动图

活动图是为系统动态行为建模的图，是动态图之一。活动图最擅长的是表述一个流程，可以用活动图来描述系统用例。活动图除用于系统分析与设计以外，还被很广泛地用于其他场合，用来描述业务流程。活动图从开始状态到终止状态之间的一条路径称为一个情景。活动图的基本结构如图 2-11 所示。

在活动图中有并发和分叉，并发表示两个活动同时发生，分叉是表示选择性活动的发生。在图 2-12 中，先执行活动 1，然后进行选择："是"则执行活动 3，"否"则执行活动 2。执行完活动 2，同时执行活动 4 和活动 5，最后整个流程终结。

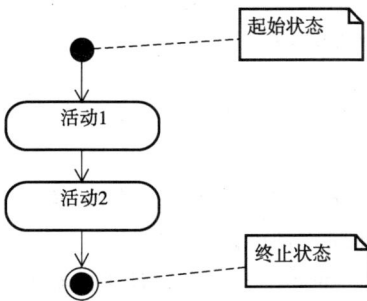

图 2-11　活动图的基本结构　　　　　　图 2-12　活动图中的分叉和并发

5．状态图

状态图是描述一个类的对象在生命周期里如何从一个状态转移到另外一个状态，状态的迁移是由事件触发的。状态图的基本格式如图 2-13 所示。

图 2-13　状态图的基本结构

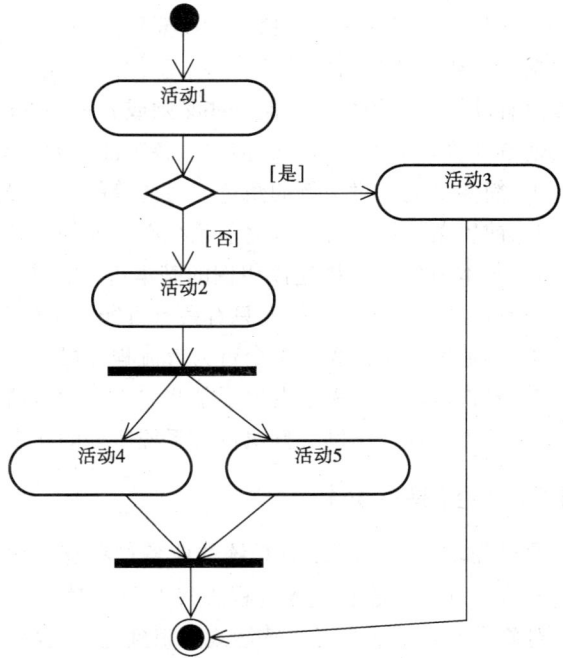

2.4　面向对象的分析与设计流程

面向对象的分析与设计的精髓是按照对象（事物、概念或实体）的观点考虑问题域和逻辑解决方案。在面向对象的分析中，重点在于发现并描述问题域中的对象（或概念）。在面向对象的设计中，重点在于定义那些能最终用面向对象程序设计语言实现的逻辑软件对象，这些软件对象具有属性和方法。

2.4.1　需求分析

需求分析是系统分析的第一步。需求是对一个产品的需要或要求的描述。需求阶段的主要目标是确定到底需要什么并将其记录在案，记录要使用一种能够将需求信息清晰地传达给客户和开发小组成员的文档格式。在面向对象分析中，需求分析的结果是形成用例图。

用例用于描述系统的功能，也就是说从外部用户的角度观察，系统应支持哪些功能，帮助分析人员理解系统的行为，它可以对系统功能进行宏观描述。

用例图只是简单地用图描述系统，只是完成了系统需求分析的一部分。要实际建立系统，针对每个用例还需要给出更具体的细节，即用例的详细流程。每个用例都是一组场景的集合，而每个场景又是一个步骤序列。这时就需要用活动图或者文字来描述用例的内容。用例描述的内容一般包括：简要描述、前置条件、基本事件流、其他事件流、异常事件流、后置条件等。用例描述一般没有硬性规定的格式，但一些必须或者重要的内容还是要写进用例描述里面，如基本事件流和其他事件流。下面说明用例描述中各个部分的含义：

① 简要描述：对用例的角色、目的等的简要描述。

② 前置条件：执行用例之前系统必须要处于的状态，或者要满足的条件。

③ 基本事件流：描述该用例的基本流程，指每个流程都"正常"运作时所发生的事情，即没有任何备选流和异常流，而只有最有可能发生的事件流。

④ 其他事件流：表示这个行为或流程是可选的或备选的，并不是总要执行它们。

⑤ 异常事件流：表示发生了某些非正常的事情时所要执行的流程。

⑥ 后置条件：用例一旦执行后系统所处的状态。

2.4.2　系统静态分析

通过需求分析，可以对系统的业务过程有个比较清楚的了解。然后需要对系统做进一步分析——领域分析。通过业务过程查找哪一些对象需要被系统处理并且可以抽象成类。

对象是实际生活中可以感触或意识到的人或物的真实写照，而系统分析和设计中的类就是这些实际生活的数学抽象。例如，在某打印管理的例子中，打印机和文件就是其中的对象，可以将它们抽象为打印机类和文件类。

初步的类图可以从与用户的交谈记录或需求文档的名词中产生。这些文档中的名词，根据常识或经验就可以排除掉一些不需要作为系统处理的对象，有一些可以比较直观地识别出应该作为系统处理的对象，而有一些需要经过仔细分析才能确定是否应该作为系统中的对象处理。并不是所有的对象都包含在这些名词中，这些名词只涉及和业务过程紧密相关的对象，因此通过名词得到的只是初步的类图。在接下来的的系统分析、设计和实现过程中，随时都可能产生新的类。

在对候选类进行筛选过程中，主要依据下列标准，删除不必要的和不正确的对象类：

① 冗余：如果两个类表达了相同的信息，则应该保留那个在问题域中最富有描述力的名称。

② 无关：现实世界中存在许多对象，不能把它们都纳入到系统中去，仅需要把与问题域相关的类放到目标系统中。

③ 模糊：在需求陈述中常常使用一些模糊、泛指的名词，虽然在初步分析时把它们作为候选对象类列出来，但是，要么系统无须记忆有关它们的信息，要么在需求陈述中有更具体更确定

的名词对应它们所暗示的事物。因此，要把这些模糊或者笼统的类去掉。

④ 属性：在需求陈述中有些名词实际上描述的是其他对象的属性，应该把这些名词从候选对象类中去掉。当然，如果某个性质具有很强的独立性，则应把它作为一个独立的类而不是作为属性。

⑤ 操作：在需求文档中有时可能使用一些既可作为名词又可作为动词的词，对于这些词应该慎重考虑它们在系统问题域中的含义，以便正确地决定是把它们作为类还是作为类中定义的操作。

⑥ 角色：一般用例图的角色不会成为类。

在初步得到系统的类以后，需要进一步补充模型信息，识别出类的属性。系统分析过程中应该首先找出最重要的属性，以后再逐步把其余的属性添加进去。

接下来对类之间的关系建模。类之间的关系多种多样，有关联关系、泛化关系、聚合关系和依赖关系等。有的类只和其他一个类有联系，而有些类同时和其他多个类存在关系。要尽量找到类之间的所有关系。在一个面向对象系统中，不存在完全独立的类。在确定了类之间的关系以后，最好给每个关系起一个名字作为标记。通常可以使用动词或动词短语来标记这种关系。在需求文档中查找描述性动词或动词词组，可以发现类之间的关系。因此，在初步确定关联时，大多数关系可以通过直接提取需求文档中的动词词组描述。

2.4.3　系统动态分析

到目前为止，得到的类的信息并不完整。要详细了解对象的行为和职责，必须对系统进行动态的分析。

前面我们分别使用事件流和活动图对每个用例情景进行了描述，了解了用例的详细流程。使用事件流和活动图描述用例情景最大的不足是无法显示出每个用例涉及哪些对象，更不能表示出哪些对象执行哪个活动，以及对象之间的消息工作方式。在系统分析的早期，先使用事件流和活动图来获得对整个过程的理解，然后用交互图来将活动分配到各个类中。

使用交互图可以一步一步地显示用例的流程，包括：事件流中需要什么对象；对象之间相互发送什么消息；什么角色启动事件流；消息按什么顺序发送；等等。使用交互图对用例情景进行分析，可以进一步了解每个对象在用例中的职责以及对象之间的关系和交互。从交互图中的每个对象的行为，可以提取出类的方法，这时才得到了完整的类图。

可以按照如下步骤创建交互图：①从事件流中寻找角色和对象；②把活动图中的每个活动转化为消息；③确定消息的发送者和消息的接收者；④按照活动图中活动发生的顺序将消息添加到交互图中。

交互图表现的是角色与系统以及系统内部对象之间的交互，角色与系统的交互是通过界面元素完成的，我们必须提供窗体和对话框作为人-机交互的界面。因此，在进行动态用例分析之前，还需要考虑系统中必需的界面对象。在这个阶段，找出界面对象只是分析系统应用流程的需要，没有必要过多地考虑每个窗体的详细内容。

动态对象分析的另一个工具是状态图。与交互图一样，状态图也可以帮助分析员、设计员和开发人员理解系统中对象的行为，不同的是，交互图是通过一个用例的完整事件流程分析多个对象之间的交互来了解每个对象的行为，而状态图只是针对单个对象建模，通过分析单个对象的内部状态转换来了解一个对象的行为。对于有多种内部状态的对象，状态图可以显示对象如何从一种状态过渡到另外一种状态，以及对象在不同状态中的不同行为。通过状态图可以了解对象行为更多的动态细节。原则上不需要为每个类创建状态图，一般只有复杂的类才需要使用。如果类有标志状态的属性，每种状态中的表现又大不相同，则可能要对其创建状态图。实际情况是，大多类根本就不需要状态图。

　　最后，通过类图到关系表的映射，我们可以完成数据库的设计，这样就完成了系统的面向对象分析与设计。

2.4.4　面向对象分析设计的流程

　　按照以上思路，我们提供给大家一套面向对象分析设计的流程，如图 2-14 所示。本书第 3 篇中，采购业务的面向对象分析与设计即是按照这个流程进行的。

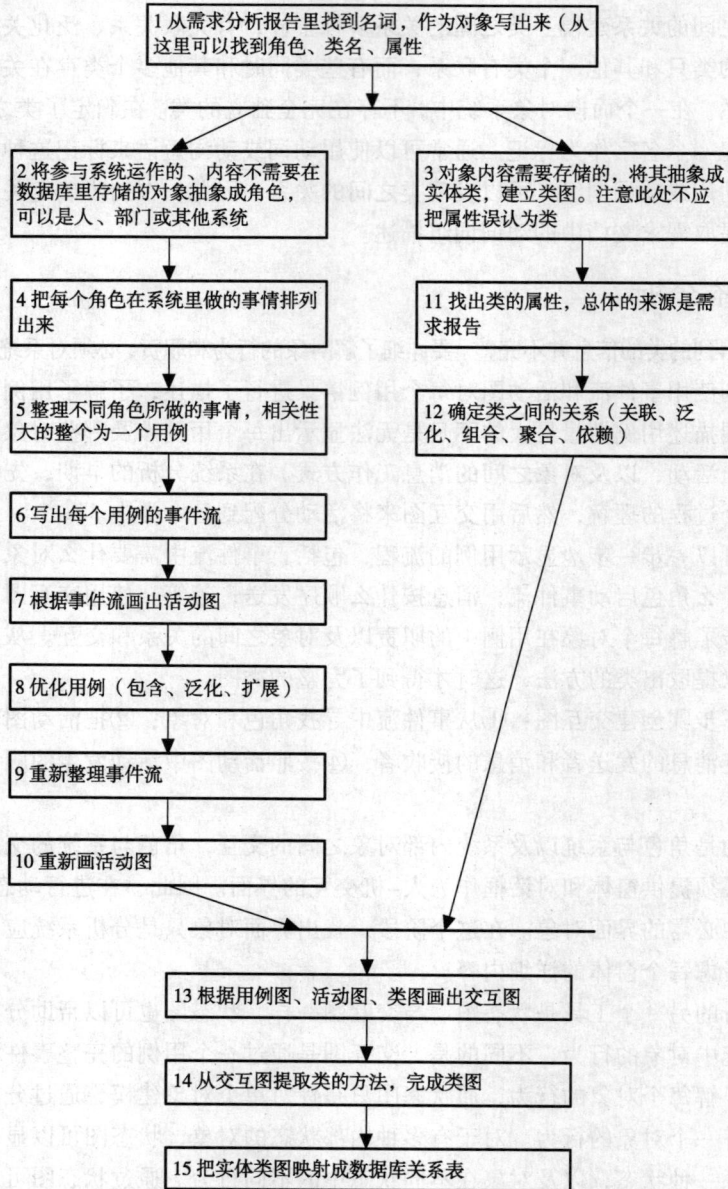

```
1 从需求分析报告里找到名词，作为对象写出来（从
  这里可以找到角色、类名、属性

2 将参与系统运作的、内容不需要在          3 对象内容需要存储的，将其抽象成
  数据库里存储的对象抽象成角色，        实体类，建立类图。注意此处不应
  可以是人、部门或其他系统              把属性误认为类

4 把每个角色在系统里做的事情排列        11 找出类的属性，总体的来源是需
  出来                               求报告

5 整理不同角色所做的事情，相关性       12 确定类之间的关系（关联、泛
  大的整个为一个用例                    化、组合、聚合、依赖）

6 写出每个用例的事件流

7 根据事件流画出活动图

8 优化用例（包含、泛化、扩展）

9 重新整理事件流

10 重新画活动图

13 根据用例图、活动图、类图画出交互图

14 从交互图提取类的方法，完成类图

15 把实体类图映射成数据库关系表
```

图 2-14　面向对象分析设计的流程

第2篇　某超市采购业务的结构化系统分析与设计

本篇介绍了采购业务的背景资料，详细介绍了采用结构化方法对采购业务进行分析和设计的流程和详细步骤。

本篇是第1篇结构化方法的理论在具体案例中的应用。在分析阶段重点介绍了如何对背景资料进行分析、如何根据分析结果进行业务流程分析和数据流程分析；在设计阶段重点介绍了如何应用分析阶段的结果进行采购系统功能结构设计和数据库设计。

某超市采购业务的背景资料

　　某超市经营概况是：营业面积 1 000 m²，总经理以下设总经理办公室、采购部门、销售部门、库存部门、财务部门、超市店面部门、公关部门和劳资人事部门等多个部门。

　　该超市目前存在着库存大、费用高、信息滞后等诸多问题，直接影响运营效率和经营效益，领导已经意识到必须冲破传统、落后、封闭的人工管理模式，走商业自动化之路。

　　在整个 MIS 研发过程中，把握进、销、存（进货、销售、存储）管理又是重中之重。这些环节是该企业经营管理中的核心环节，也是能否取得效益的关键。它们对外直接关系到为顾客服务的水平与合作关系，以及公司的整体形象，对内则影响到企业的经营成果、员工的切身利益。

　　超市采购管理主要是对库存部门制订的采购申请单展开的一系列采购活动。通过对采购流程中各单据的处理，将商业超市采购管理的各个环节有机地统一联系起来，实现和库存部门的信息共享，提高工作效率，降低采购成本，增强企业盈利能力。库存部门根据需求填写采购申请（计划）单，采购部门相关的人员根据采购申请单提出的需求，查阅供应商信息和商品信息，编制采购订单。采购订单编制后报经审核人进行审核，审核未合格的订单需要重新编制，合格的采购订单则需要交付给选定的供应商和财务部门。采购部门根据合格的采购订单，编制采购付款申请单并将采购付款申请单提交给财务部门。当采购的产品到货后，供应商需出具送货单，采购部门人员要根据采购订单和送货单对到货产品进行验收。如果到货商品验收合格，则制订采购入库申请单，提交给库存部门。如果验收不合格，则制订采购退货单，交付给供应商。采购部门根据采购退货单制订相应的采购退货收款申请单，并将其提交给财务部门。采购部门对采购订单、采购商品和采购退货情况进行统计，并将采购订单汇总信息、采购商品汇总信息和采购退货汇总信息上报给经理，以便进行业绩分析。

　　该超市采购部门制订的单据包括：采购订单、采购付款申请单、采购退货单、采购退货收款申请单和采购入库申请单。

采购订单

日期：　年　月　日　　　　　　　　　　　　　　　　　　　　　　　　　订单编号：

供应商：

商品编号	商品名称	规格型号	计量单位	采购数量	采购单价	采购金额
	金　额　合　计					
备　　注						

制单人：　　　　　　　　　　　　　　　　　　　　　　　　　　　　　审核人：

采购付款申请单

付款日期：   编号：

采购订单编号				
供应商	名　称			
	开户行		账　号	
付款方式			付款金额	
备　注				

制单人：   审核人：

采购退货单

退货单编号			退货日期			
供应商编号			供应商名称			
商品编号	商品名称		数　量	采购价格	金　额	退货原因

采购退货收款申请单

申请日期：   编号：

采购退货单编号				
供应商	名　称			
	开户行		账　号	
收款方式			收款金额	
备　注				

制单人：   审核人：

采购入库申请单

申请日期：　　年　月　日   编号：

供应商名称：

商品编号	商品名称	规格型号	计量单位	入库数量	采购单价	采购金额
	合　　　计					
备　注						

制单人：   审核人：

第 3 章 ——— 采购业务的结构化系统分析

本章主要内容包括采购业务的需求分析、采购管理的组织结构分析、采购业务的功能体系分析、采购业务的流程分析、采购业务的数据流程分析、采购业务的数据字典、采购业务的系统分析报告。

3.1 采购业务的需求、组织结构、功能体系分析

1. 采购业务的需求分析

从提供的超市采购业务背景资料中分析可得出采购管理系统的需求如下：

超市采购管理主要是对库存部门制订的采购申请单展开的一系列采购活动。通过对采购流程中各单据的处理，将商业超市采购管理的各个环节有机地统一联系起来，实现和库存部门的信息共享，提高工作效率，降低采购成本，增强企业盈利能力。

经分析可得出，系统应该能够通过库存部门发来的采购申请单编制采购订单，经审核不合格的采购订单要返回重新编制，合格的采购订单要存档。如果到货商品合格，系统应该能够制订采购付款申请单和采购入库申请单；如果验收不合格，应该能够制订采购退货单。系统可以根据采购退货单制订相应的采购退货收款申请单。最后应该可以对采购订单、采购商品和采购退货情况进行统计并汇总，以便进行业绩分析。

2. 采购管理的组织结构分析

根据某超市的背景资料和相关业务，可以将该超市采购管理的组织结构进行划分，如图 3-1 所示。某超市的商业部门包括采购部门、库存部门、销售部门和财务部门共 4 个商业部门。

3. 采购业务的功能体系分析

根据需求分析的结果，可把采购管理完成的业务功能大致分为 4 部分，分别为：

① 采购订单管理业务。

② 收货管理业务。

③ 采购付款申请管理业务。

④ 采购汇总统计管理业务。

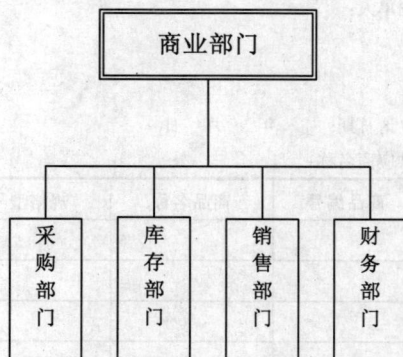

图 3-1 某超市采购管理的组织结构图

3.2　采购业务的流程分析

从提供的背景资料和需求分析的文档中可得采购管理系统的业务流程：

① 库存部门根据需求填写采购申请（计划）单，采购部门相关的人员根据采购申请单提出的需求，查阅供应商信息和商品信息，编制采购订单。

② 采购订单编制后报经审核人进行审核，审核未合格的订单需要重新编制，合格的采购订单则需要交付给选定的供应商和财务部门。

③ 采购部门根据合格的采购订单，编制采购付款申请单并将采购付款申请单提交给财务部门。

④ 当采购的产品到货后，供应商需出具送货单，采购部门人员要根据采购订单和送货单对到货产品进行验收。

⑤ 如果到货商品验收合格，则制订采购入库申请单，提交给库存部门。如果验收不合格，则制订采购退货单，交付给供应商。

⑥ 采购部门根据采购退货单制订相应的采购退货收款申请单，并将其提交给财务部门。

⑦ 采购部门对采购订单、采购商品和采购退货情况进行统计，并将采购订单汇总信息、采购商品汇总信息和采购退货汇总信息上报给经理。

由此可得出采购业务流程图，如图 3-2 所示。

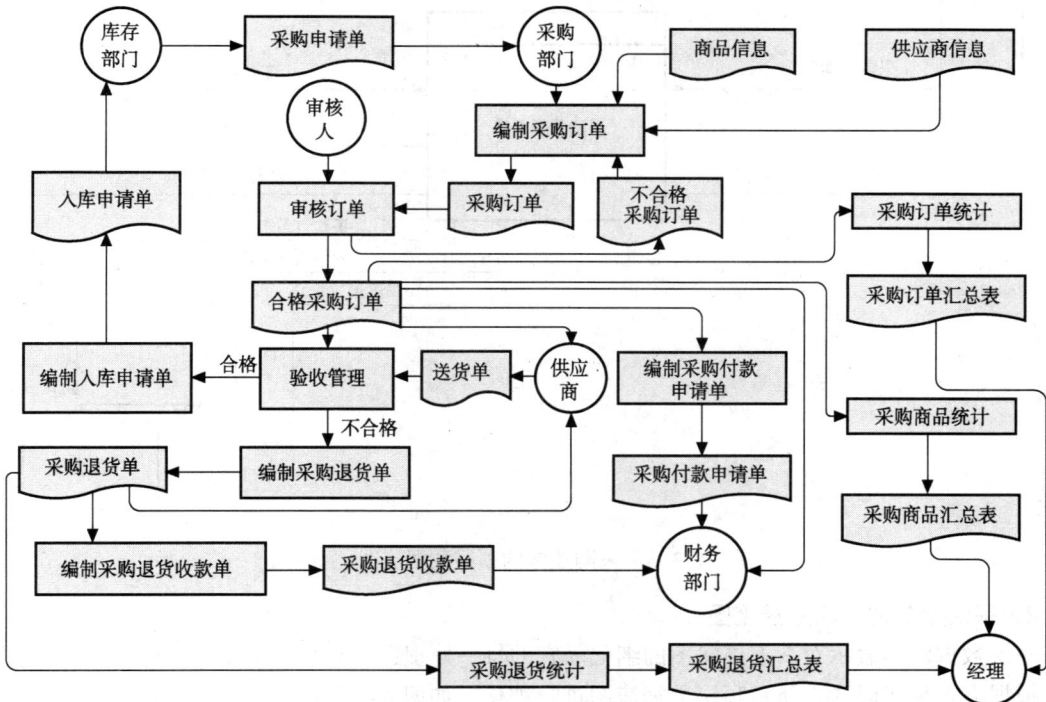

图 3-2　采购业务流程图

3.3　采购业务的数据流程分析

本节主要简要介绍采购业务的顶层数据流图、一层数据流图、底层数据流图的内容。

1. 采购业务的顶层数据流图

顶层数据流图是把整个系统看成一个整体，视系统为一个总的数据处理模块，只需指明处理与有关外部实体之间的信息交换关系即可。顶层流图（环境视图）仅包含一个处理来代表被开发系统，它的输入流是该系统的输入数据，输出流是系统所输出数据。

根据需求分析和业务流程分析，可得出采购业务的顶层数据流图，如图 3-3 所示。

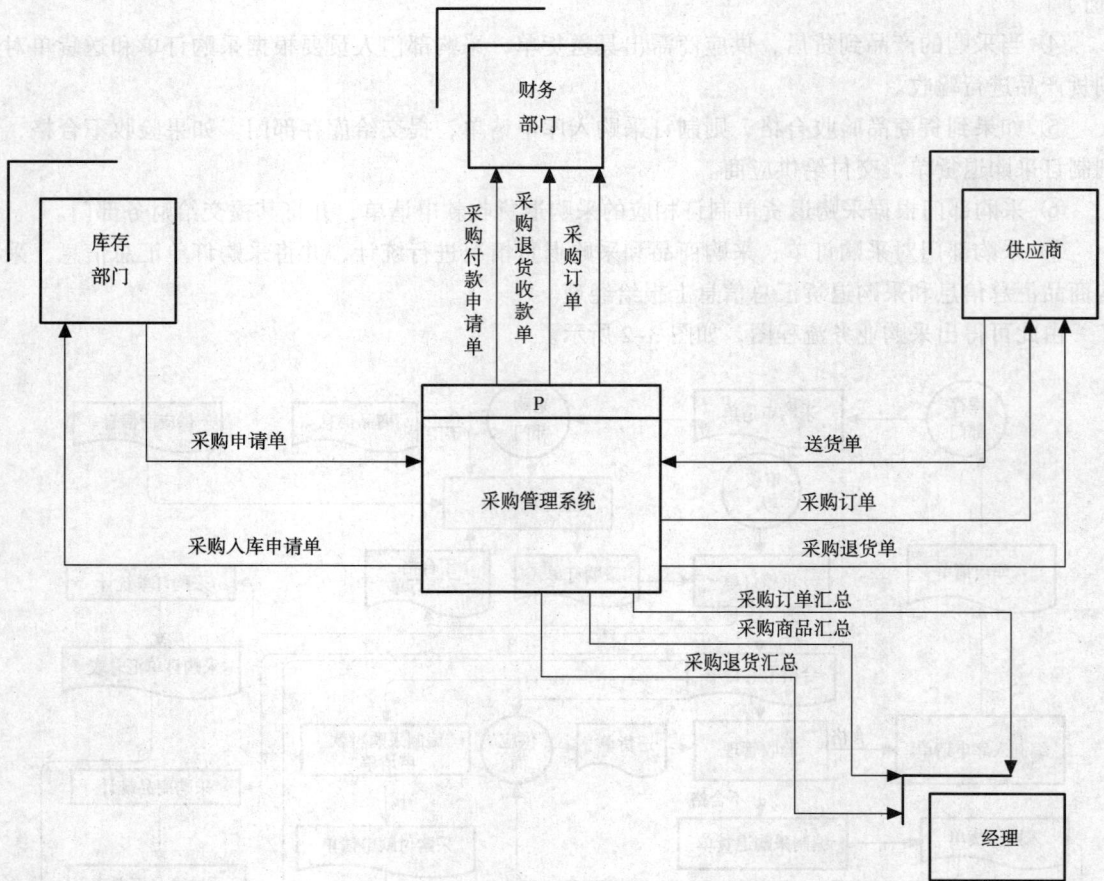

图 3-3　采购业务的顶层数据流图

2. 采购业务的一层数据流图

一层数据流图表示对其上层父图的细化。它的每一处理还可能继续细化，形成子图。

根据需求可将图 3-3 所示顶层数据流图进行细化，如图 3-4 所示。

3. 采购业务的底层数据流图

底层数据流图指其加工不需再做分解的数据流图，它处在最下层。底层数据流图是对一层数据流程图的进一步分解，是研究子系统内部的数据处理、数据存储、信息流动与交换情况的。

把图 3-4 所示的一层数据流图数据处理继续细分，如图 3-5 至图 3-8 所示。

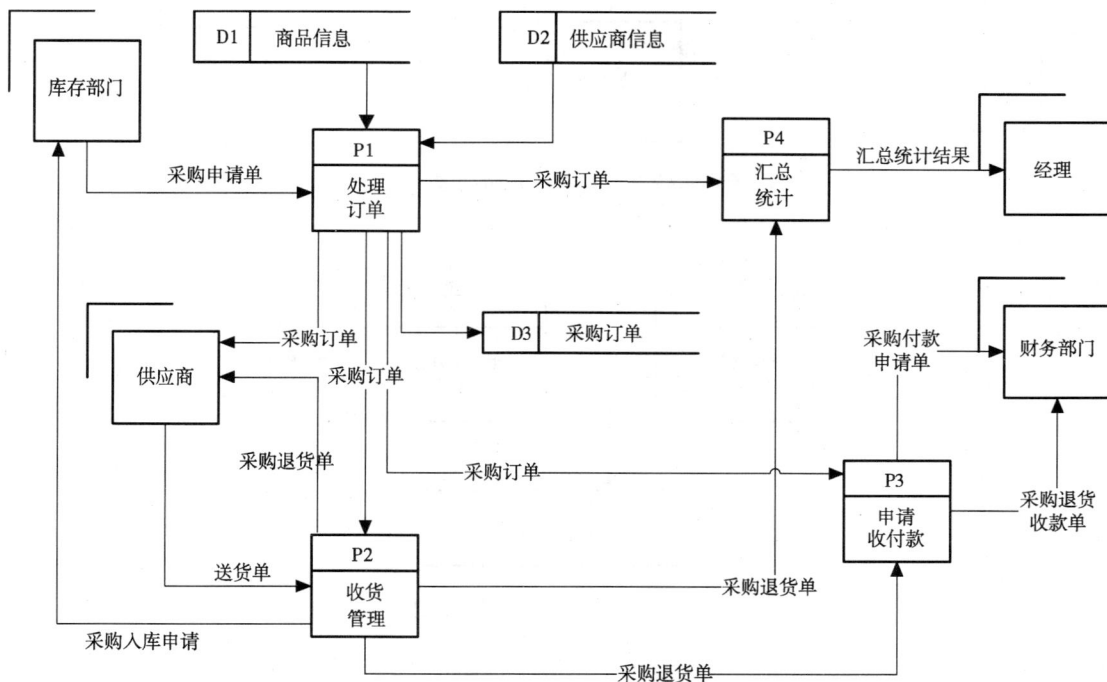

图 3-4　一层数据流图

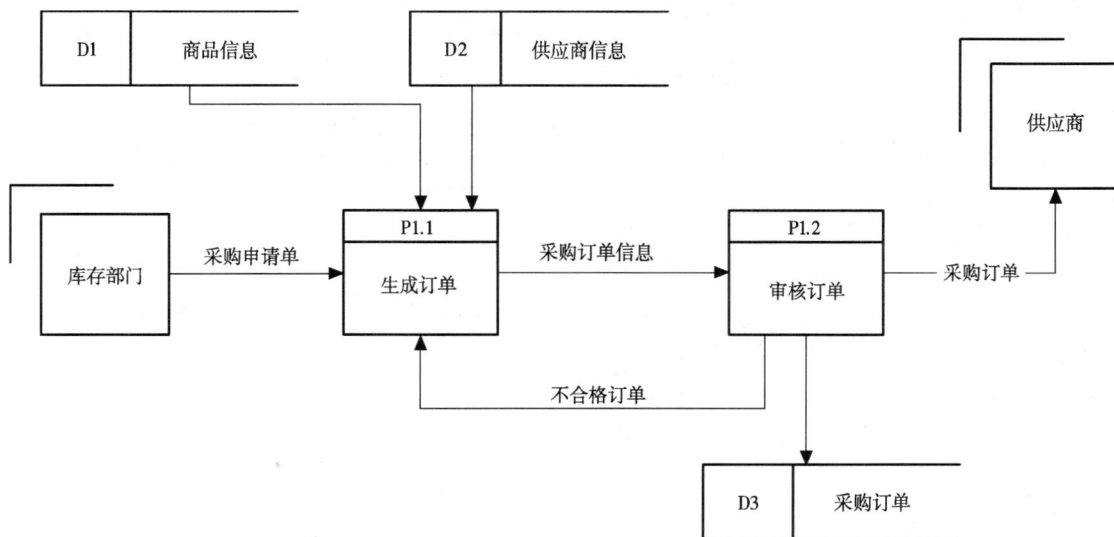

图 3-5　处理订单细化数据流图

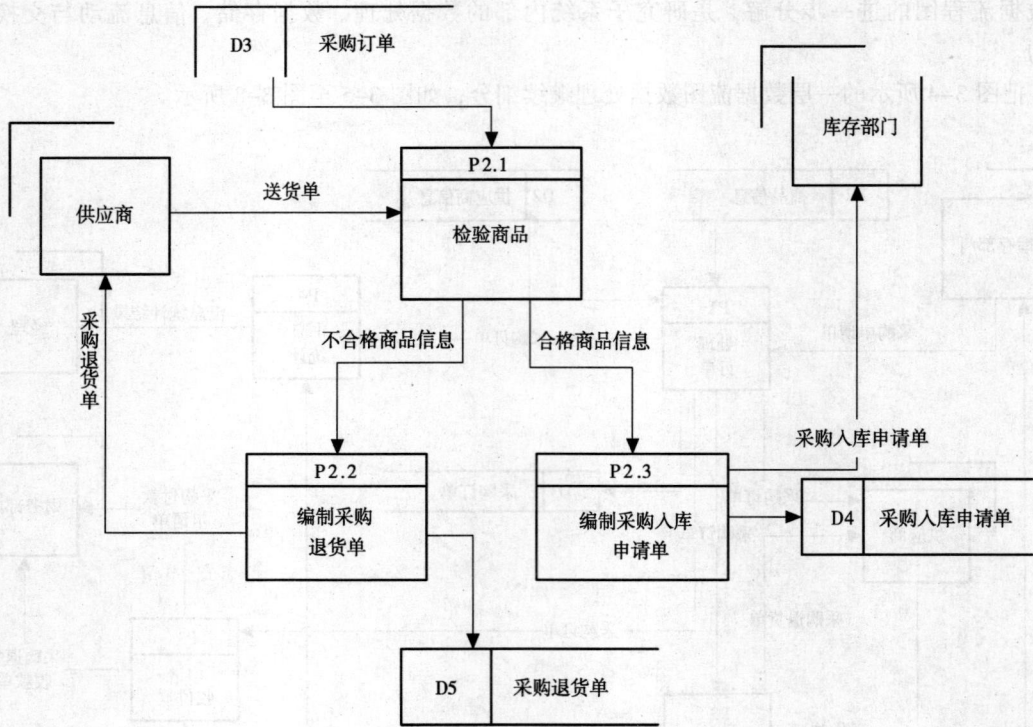

图 3-6　收货管理细化数据流图

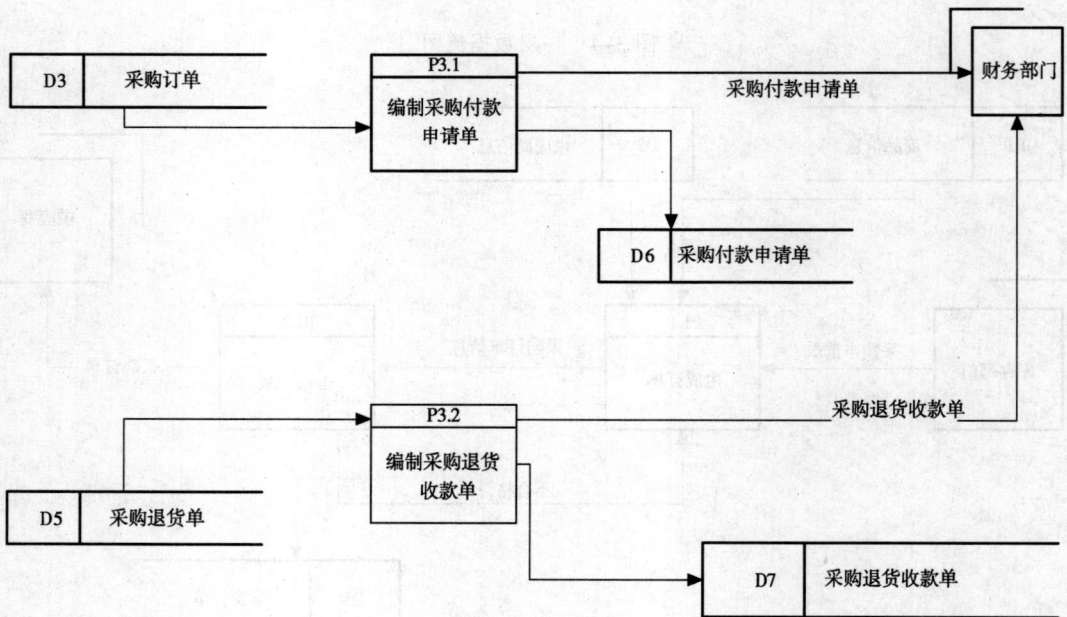

图 3-7　申请收付款管理细化数据流图

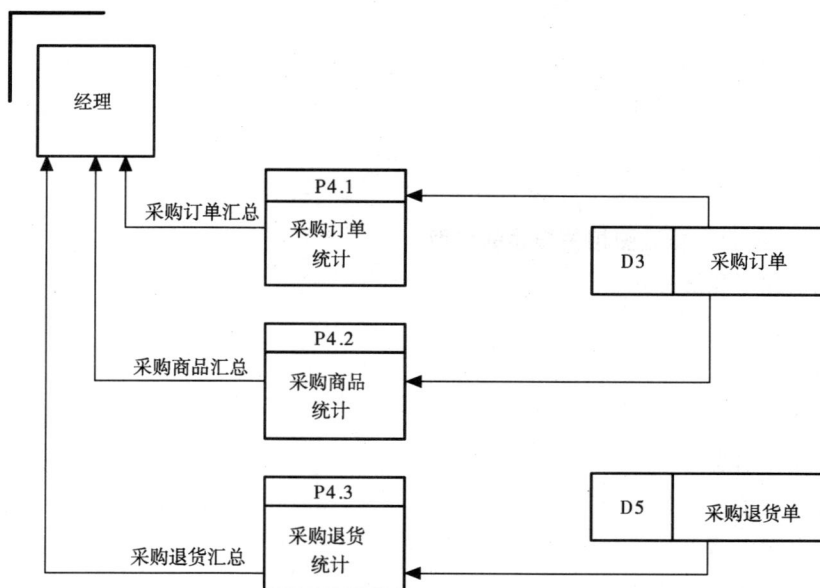

图 3-8　汇总统计管理细化数据流图

3.4　采购业务的数据字典

数据字典共描述六大条目，分别为数据项、数据结构、数据流、处理逻辑（加工）、数据存储和外部项。数据字典的编制一般以底层数据流图为主，参考顶层及中层数据流图。

3.4.1　采购业务数据字典内容的提取

根据底层数据流图进行提取，本文为每个数据流图都做了相应的提取。

1．处理订单部分数据流图相关描述的提取

数据流包括如下几部分：

（1）商品信息

（2）供应商信息

（3）采购申请单

（4）采购订单信息

（5）不合格订单

（6）合格订单

数据存储包括如下几部分：

（1）采购订单

（2）供应商信息

外部实体包括如下几部分：

（1）库存部门

（2）商品部门

（3）供应商

处理过程包括如下几部分：

（1）生成订单

（2）审核订单

2．收货管理部分数据流图相关描述的提取

数据流包括如下几部分：

（1）送货单

（2）采购订单

（3）不合格商品信息

（4）合格商品信息

（5）采购退货单

（6）采购入库申请单

数据存储包括如下几部分：

（1）采购订单

（2）采购退货单

（3）采购入库申请单

外部实体包括如下几部分：

（1）供应商

（2）库存部门

处理过理包括如下几部分：

（1）检验商品

（2）编制采购退货单

（3）编制采购入库申请单

3．收付款管理部分数据流图相关描述的提取

数据流包括如下几部分：

（1）采购订单

（2）采购付款申请表

（3）采购退货单

（4）采购退货收款申请单

数据存储包括如下几部分：

（1）采购订单

（2）采购退货单

（3）采购付款申请单

（4）采购退货收款申请单

外部实体包括：财务部门。

处理过程包括如下几部分：

（1）编制采购付款申请单

（2）编制采购退货收款申请单

4．统计汇总数据流图相关描述的提取

数据流包括如下几部分：

（1）采购订单

（2）采购退货单

（3）采购订单汇总表

（4）采购商品汇总表

（5）采购退货汇总表

数据存储包括如下几部分：

（1）采购订单

（2）采购退货单

外部实体包括：经理。

处理过程包括如下几部分：

（1）统计采购订单

（2）统计采购商品

（3）统计采购退货

3.4.2　采购业务数据字典的创建

上述的数据流提取并不完全，但主要的数据流都已存在，根据上述提取，创建数据字典。

① 数据元素卡片如表 3-1 所示。

表 3-1　采购订单编号数据元素卡片

数据元素卡片	总编号：<u>1-01</u>
名称：采购订单编号	编　号：<u>01</u>
别名：	说明：<u>本企业的采购订单编号</u>
类型：字符	有关编码的说明：（共 13 位）
长度：（13）	CD　×××××××　×××
范围：	
	采购订单　操作日期　当日单据流水号
有关的数据结构/组合数据（使用场合）：采购订单……	

② 数据结构卡片如表 3-2 所示。

表 3-2　采购订单数据结构卡片

数据结构卡片		总编号：2-01
数据结构名称：采购订单		编　号：01
说明：表示采购订单的数据结构		有关的数据流/数据存储：
		D3 采购订单，F06 采购订单
结构描述：		
采购订单编号		
供应商（编号+名称）		
到货日期		
制单人		
审核人		
商品明细（商品编号+商品名称+规格型号+计量单位+采购数量+采购单价+采购金额）		

③ 数据流如表 3-3～表 3-8 所示。

表 3-3　采购申请单数据流卡片

数据流卡片	总编号：3-001
名称：采购申请单	编　号：F01
来源：库存部门	
去向：P1.1 编制采购订单	
说明：库存部门根据采购需求提出采购申请的表单	
包含的数据结构：	信息容量：
采购申请单编号	100 份/天
申请日期	
商品明细（商品编号+商品名称+采购单价+申请采购数量+计量单位+现有库存量）	

表 3-4　采购入库申请单数据流卡片

数据流卡片	总编号：3-002
名称：采购入库申请单	编　号：F02
来源：P2.3 编制采购入库申请单	
去向：库存部门，D4 采购入库申请单	
说明：供应商的商品被检验合格后，生成的入库申请	
包含的数据结构：	信息容量：
采购入库申请单编号	
制单日期	
供应商名称	
商品明细（商品编号+商品名称+规格型号+计量单位+采购单价+数量+采购金额）	

表 3-5　采购付款申请单数据流卡片

数据流卡片	总编号：3-003
名称：采购付款申请单	编　号：F03

来源：P3.1 编制采购付款申请单

去向：财务部门，D6 采购付款申请单

说明：由采购订单生成的付款申请

包含的数据结构：　　　　　　　　　　　　　　　　信息容量：

　采购退款申请单编号　　　　　　　　　　　　　　　　120 份/天

　采购退货单编号

　退款日期

　退款金额

　退款方式

　备注

　制单人

　审核人

供应商（名称+账号+开户行）

表 3-6　采购退货收款申请单数据流卡片

数据流卡片	总编号：3-004
名称：采购退货收款申请单	编　号：F04

来源：P3.2 编制采购退货收款申请单

去向：财务部门，D7 采购退货收款申请单

说明：由采购订单生成的付款申请

包含的数据结构：　　　　　　　　　　　　　　　　信息容量：

　采购付款申请单编号

　采购订单编号

　付款日期

　付款金额

　付款方式

　备注

　制单人

　审核人

供应商（名称+账号+开户行）

表 3-7　采购退货单数据流卡片

数据流卡片	总编号：3-005
名称：采购退货单	编　号：F05
来源：P2.2 编制采购退货单	
去向：供应商，D5 采购退货单	
说明：验收不合格商品实现退货的单据	
包含的数据结构：	信息容量：
采购退货单编号	
供应商（编号+名称）	
采购订单编号	
退货原因	
商品明细（商品编号+商品名称+数量+单价+金额）	

表 3-8　采购订单数据流卡片

数据流卡片	总编号：3-006
名称：采购订单	编　号：F06
来源：P1.2 审核订单	
去向：供应商，D3 采购订单	
说明：由库存部门提供的采购申请生成的合格的采购订单	
包含的数据结构：	信息容量：
采购订单编号	
供应商（编号+名称）	
到货日期	
制单人	
审核人	
商品明细（商品编号+商品名称+规格型号+计量单位+采购数量+采购单价+采购金额）	

④ 数据存储如表 3-9 所示。

表 3-9　采购订单数据存储卡片

数据存储卡片	总编号：4-03
名称：采购订单	编　号：D3
说明：存放采购订单的基本信息	
	有关数据流：
	D3→P3.1 编制采购付款申请单
	D3→P2.1 检验商品
	P1.2 审核订单→D3
组成：	
采购订单编号	
供应商（编号+名称）	
到货日期	物理组织：尚未确定
制单人	
审核人	
商品明细（商品编号+商品名称+规格型号+计量单位+采购数量+采购单价+采购金额）	

⑤ 外部实体如表 3-10 所示。

表 3-10　外部实体卡片

外部实体卡片	总编号：5-02
名称：供应商	编　号：02
说明：负责商品的提供	
输入数据流：	输出数据流：F10 送货单
F06 采购订单，F05 采购退货单	

⑥ 处理过程如表 3-11 所示。

表 3-11　编制采购订单的处理过程卡片

处理过程卡片	总编号：6-01
名称：编制采购订单	编　号：P1.1
说明：确定是否将该客户加入客户档案	
处理功能：根据库存部门的采购申请单，生成采购订单	
输入数据流：F01（1-001）采购申请单	
输出数据流：F06 采购订单信息	

3.5　采购业务的系统分析报告

以下给出一个采购业务的系统分析报告的模板。本模板力图覆盖所有可能在需求说明书中出现的主题，这里提供一个所有需求说明书都应当遵循的框架，每一个需求说明书都要包括这里定义的全部章节。一些特殊的章节应当提供但不要求有详细的说明，只需在说明书中保留其标题，并在标题之下给出适当的说明即可。

文档编号：CET010A-			第　　版
分册名称：			第　册/共　册
	项目名称		
	系统分析报告		
总页数	正文	附录	生效日期
编　制		审批	
	×××××股份有限公司		

1 引言

1.1 目的

　说明编写这份报告的目的，指出预期的读者。

1.2 背景

　指出待开发的软件系统的名称；行业情况；本项目的任务提出者、开发者、用户；该软件系统同其他系统或其他机构的基本相互来往关系。

1.3　参考资料

　　列出编写本报告时参考的文件（如经核准的计划任务书或合同、上级机关的批文等）、资料、技术标准，以及它们的作者、标题、编号、发布日期和出版单位等。

　　列出编写本报告时查阅的 Internet 上的杂志、专业著作、技术标准以及它们的网址。

1.4　术语

　　列出本报告中用到的专门术语的定义。

2　任务概述

2.1　目标

　　叙述该项软件开发的意图、应用目标、作用范围以及其他应向读者说明的有关该软件开发的背景材料。

2.2　系统（或用户）的特点

　　如果是产品开发，应列出本软件的特点，与老版本软件（如果有的话）的不同之处，与市场上同类软件（如果有的话）的比较；说明本软件预期使用频度。

　　如果是针对合同开发，则应列出本软件的最终用户的特点，充分说明操作人员、维护人员的教育水平和技术专长，以及本软件预期使用频度。这些是软件设计工作的重要约束。

3　假定和约束

　　列出进行本软件开发工作的假定和约束，例如经费限制、开发期限等。

4　系统调查情况

　　列出业务流程图、主要功能、组织结构图和用户要求等，并简要指出主要问题所在。

5　新系统逻辑模型

　　以数据流程图及数据字典的形式说明新系统的逻辑模型。

6　开发成本估算

　　以列表的方式给出各功能规定所需的开发人时和费用（如差旅费）。

7　尚需解决的问题

　　以列表的形式列出在需求分析阶段必须解决但尚未解决的问题。

8　附录

第 **4** 章 —— 采购业务的结构化系统设计

采购管理以采购订单为中心，通过跟踪采购订单的执行过程（采购入库、采购退货、采购付款等），随时反应采购订单的执行情况，并可由这些单据汇总出相关的信息统计表。采购系统中涉及财会业务的数据自动转入会计总账系统，涉及库存业务的数据自动转入库存系统。

4.1 采购业务的各种分析与设计

1．采购业务的系统功能分析

根据数据流程图分析，采购系统应该具备以下具体功能：

（1）订货管理功能

通过库存部门发来的采购申请单，编制采购订单，并经过审核人审核，确认无误后提交相应的部门。

（2）收货管理功能

商品到达后，完成商品的检验工作，如果商品不合格则进行退货处理，合格则进行入库处理。

（3）付款申请管理功能

主要是完成编制采购付款申请单和采购退货收款单的任务。

（4）汇总统计功能

主要完成采购订单、采购退货单及采购商品的汇总统计工作。

2．采购业务的功能模块设计

根据采购业务的数据流程图的分析结果，遵循模块划分的原则，对采购系统功能进行设计，如图 4-1 所示。

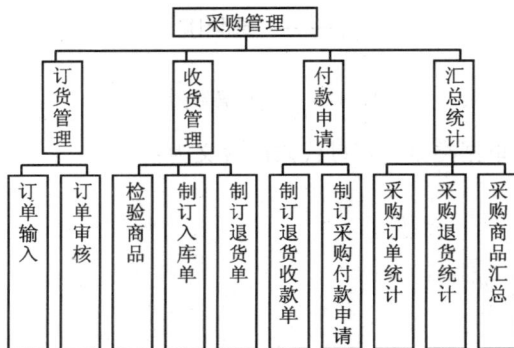

图 4-1 采购业务功能图

3. 采购业务的系统配置设计

根据采购业务功能的要求，进行系统配置的设计，如图 4-2 所示。

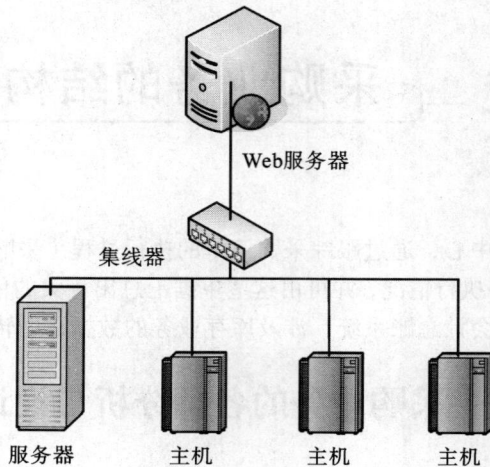

图 4-2 采购系统配置图

4. 采购业务的代码设计

（1）采购业务单据编号代码设计

单据编号是将采购系统中涉及的各种单据的编号赋予有一定规律性的、易于计算机和人识别与处理的符号，采购业务设计的单据较多，统一进行代码设计有助于计算机和人管理、使用各种单据。

本部分设计单据编号由 13 位组成，前两位由字母组成，表示单据的性质，如 CD 表示采购订单，CR 表示采购入库单。接着的 8 位为操作的日期，如 20100501 表示 2010 年 5 月 1 日。最后三位为单据当日的流水号，具体形式如图 4-3 所示。

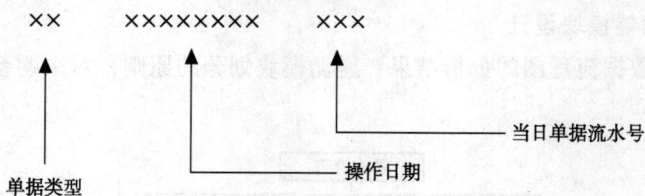

图 4-3 单据编号图

图 4-3 中的前两位表示单据类型，字母代码的含义为：

CD：采购订单；

CM：采购明细单；

CT：采购退货单；

TM：采购退货明细单；

CR：采购入库单；

RM：采购入库明细单；

CF：采购付款单；

TS：采购退货收款单。

4.2　采购业务的数据库设计

1. 采购业务的数据库概念设计

初步的实体关系图能够有助于理解系统实体之间的相互作用，它展示了系统的全貌。在进销存系统中，有如下实体：采购订单、供应商、退货单、入库单，等等。

对照分析阶段的数据流程图，确定哪些实体是采购系统的实体，并且确定数据流程图中每个存储是否可以单独作为一个实体，仔细分析实体间的各种关系到底属于一对一、一对多还是多对多，标记在 E-R 图上，如图 4-4 所示。

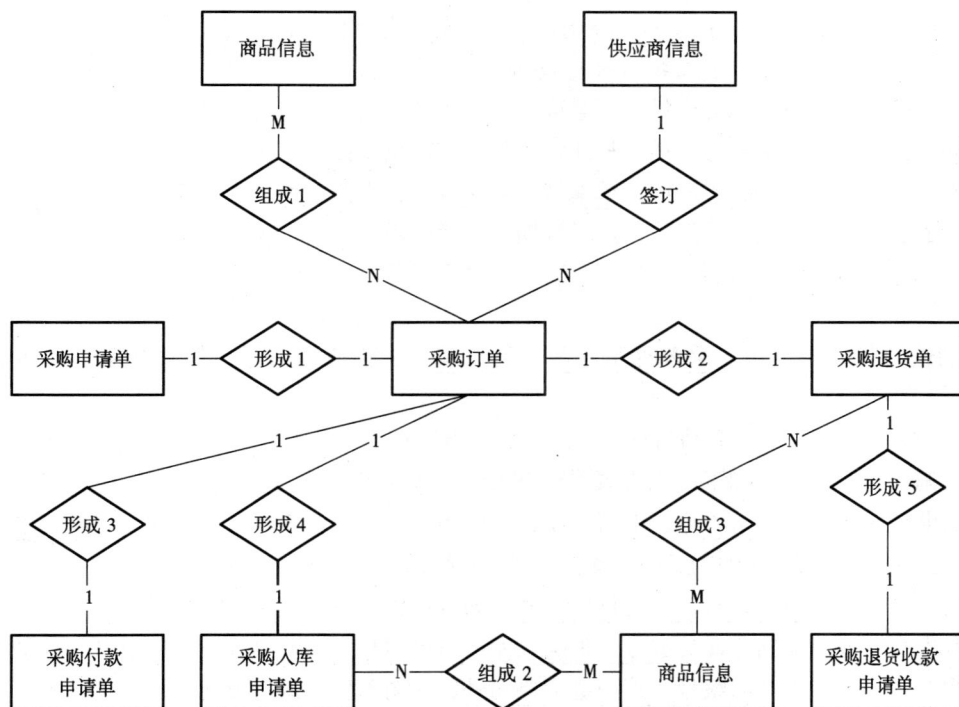

图 4-4　采购业务 E-R 图

列出各个实体包含的属性，并且确定各个实体的主码（用下画线标示）：

供应商信息（供应商编号，供应商名称，电话，开户行，开户行账号，税号，地址，备注）

采购订单（采购订单编号，供货日期，生效日期）

采购入库申请单（采购入库申请单编号，入库日期，申请日期，入库金额）

采购退货单（采购退货单编号，退货日期，退货原因）

采购付款申请单（采购付款申请单编号，付款日期，供应商编号，付款金额）

采购退货收款申请单（采购退货收款申请单编号，供应商编号，退款金额）

商品信息（商品编号，商品名称，生产厂商，出厂日期，保质期，商品条码，店内码，简称，

规格，色/味，批号，注册商标，计量单位，进价，税率，售价，备注）

采购申请单（<u>采购申请单号</u>，申请日期，申请制单人，申请审核人，备注）

确定联系的属性，如下：

签订（生效日期，供货日期）

组成 1（采购单价，采购数量，计量单位）

组成 2（采购单价，入库数量，计量单位）

组成 3（采购单价，退货数量，计量单位）

2．采购业务的数据库逻辑设计

（1）E-R 图向关系模型转换

采购业务数据库逻辑设计的第一步就是将 E-R 图向关系模型转换，E-R 图向关系模型的转换要解决的问题是如何将实体和实体间的联系转换为关系模式，如何确定这些关系模式的属性和码。在此业务中，根据 E-R 图及相关转换原则，8 个实体转化为 8 个关系模式，并且确定主码（用单下画线标示）和外码（用双下画线标示），分别为：

供应商信息（<u>供应商编号</u>，供应商名称，电话，开户行，开户行账号，税号，地址，备注）

采购订单（<u>采购订单编号</u>，供货日期，生效日期，<u><u>供应商编号</u></u>）

采购入库申请单（<u>采购入库申请单编号</u>，入库日期，申请日期，入库金额，<u><u>采购订单编号</u></u>）

采购退货单（<u>采购退货单编号</u>，退货日期，退货原因，<u><u>采购订单编号</u></u>）

采购付款申请单（<u>采购付款申请单编号</u>，付款日期，供应商编号，付款金额，<u><u>采购订单编号</u></u>）

采购退货收款申请单（<u>采购退货收款申请单编号</u>，供应商编号，退款金额，<u><u>采购退货单编号</u></u>）

商品信息（<u>商品编号</u>，商品名称，生产厂商，出厂日期，保质期，商品条码，店内码，简称，规格，色/味，批号，注册商标，计量单位，进价，税率，售价，备注）

采购申请单（<u>采购申请单号</u>，申请日期，申请制单人，申请审核人，备注，<u><u>采购订单编号</u></u>）

3 个多对多的联系分别转化为 3 个独立的关系模式：

采购订单明细（<u>商品编号</u>，<u>采购订单编号</u>，采购单价，采购数量，计量单位）

采购入库申请单明细（<u>商品编号</u>，<u>采购入库申请单编号</u>，采购单价，入库数量，计量单位）

采购退货单明细（<u>商品编号</u>，<u>采购退货单编号</u>，采购单价，退货数量，计量单位）

（2）关系模型的优化

数据库逻辑设计的结果不是唯一的。一般为了提高数据库应用系统的性能，还应该根据应用需要适当地修改、调整数据模型的结构，这就是关系模型的优化。通常，关系模型的优化以规范化理论来指导。一般情况下，只做到三范式即可。因此，下面以做到三范式的要求为例来讲解关系模型的规范化。

首先，检查以上的关系模式都满足一范式的要求，即属性都是不可分的。

然后，用二范式的规范来检查以上的关系模式，二范式要求不能存在非主属性对主属性的部分依赖。这里涉及的只是主码由两个或两个以上属性的情况，因此只需检查采购订单明细、采购入库申请单明细和采购退货单明细 3 个关系模式即可，可发现不存在部分依赖，单价、数量和计量单位都是由商品和单据编号共同决定的。

最后，根据三范式的要求，关系模式中不应存在传递依赖，而供应商信息这个关系模式中存在供应商编号→开户行，开户行→开户行账号，可得开户行账号传递依赖供应商编号，因此需要对其进行分解：

供应商信息（<u>供应商编号</u>，供应商名称，电话，<u>开户行名称</u>，地址，备注）

开户行（<u>开户行名称</u>，开户行账号，税号）

由此，最终得出的供应商信息关系模式为：

供应商信息（<u>供应商编号</u>，供应商名称，电话，<u>开户行名称</u>，地址，备注）

3．采购业务的数据库物理设计

根据关系模型得出数据库的物理表。由于采购申请单是库存部门制订的，因此这里不对该表进行设计；另外，商品表包含的属性较多，因此只选择了几个主要的属性进行了设计；开户行的信息本系统涉及不多，因此也不作设计。详细情况如表 4-1 至表 4-10 所示。

表 4-1　供应商信息表

字 段 名	简　称	数 据 类 型	数 据 长 度	说　明
供应商名称	Su-name	字符型	20	Not null
供应商编号	Su-id	字符型	13	Not null, PK
地址	Add	字符型	40	
电话	tel	字符型	12	
开户行名称	Bank	字符型	10	Not null, FK
备注	memo	字符型	30	

表 4-2　采购订单表

字 段 名	简　称	数 据 类 型	数 据 长 度	说　明
采购订单编号	Cg-no	字符型	13	Not null, PK
供货日期	Avail-date	日期型	8	Not null
生效日期	Effect-date	日期型	8	Not null
供应商编号	Su-id	字符型	13	Not null, FK

表 4-3　采购订单明细表

字 段 名	简　称	数 据 类 型	数 据 长 度	说　明
采购订单编号	Cg-no	字符型	13	Not null, PK
商品编号	Good-id	字符型	13	Not null, FK
采购单价	Cg-money	货币型	8	Not null
采购数量	Cg-mount	数值型	8	Not null
计量单位	measure	字符型	8	Not null

表 4-4　采购入库申请单表

字 段 名	简　称	数据类型	长　度	说　明
采购入库申请单编号	Cgrk-no	字符型	13	Not null, PK
申请日期	Sq-Date	日期型	10	Yes
入库日期	Rk-Date	日期型	10	Yes
入库金额	Rk-money	货币型	10	Not null
采购订单编号	Cg-no	字符型	13	Not null, FK

表 4-5　采购入库申请单明细表

字 段 名	简　称	数据类型	数据长度	说　明
采购入库申请单编号	Cgrk-no	字符型	13	Not null, PK
商品编号	Sp-id	字符型	13	Not null, FK
采购单价	Cg-price	货币型	7	Not null
入库数量	Rk-sum	数值型	10	Not null
计量单位	measure	字符型	8	Not null

表 4-6　采购退货单表

字 段 名	简　称	数据类型	数据长度	说　明
采购退货单编号	Th-no	字符型	13	Not null, PK
退货日期	Th-date	日期型	10	Not null
退货原因	Th-reason	字符型	200	Not null
采购订单编号	Cg-no	字符型	13	Not null, FK

表 4-7　采购退货单明细表

字 段 名	简　称	数据类型	数据长度	说　明
采购退货单编号	Th-no	字符型	13	Not null, PK
商品编号	Su-id	字符型	13	Not null, PK
采购单价	Cg-price	货币型	7	Not null
退货数量	Th-amount	数值型	8	Not null
计量单位	measure	字符型	8	Not null

表 4-8　采购付款申请单

字 段 名	简　称	数据类型	数据长度	说　明
采购付款申请单编号	Fk-no	字符型	13	Not null, PK
采购订单编号	Cg-no	字符型	13	Not null, FK
付款日期	Fk-date	日期型	8	Not null
付款金额	Fk-money	货币型	10	Not null
供货商编号	Su-id	字符型	13	Not null

表4-9　采购退货收款申请单

字 段 名	简　称	数据类型	数据长度	说　明
采购退货收款申请单编号	Tk-no	字符型	13	Not null，PK
供货商编号	Su-no	字符型	13	Not null
退款金额	Tk-money	货币型	10	Not null
采购退货单编号	Th-no	字符型	13	Not null，FK

表4-10　商品信息表

字 段 名	简　称	数据类型	数据长度	说　明
商品名称	Good-name	字符型	20	Not null
商品编号	Good -id	字符型	13	Not null，PK
生产厂商	Su-name	字符型	40	Not null
生产日期	Pr-Date	字符型	12	Not null
保质期	Ex-Date	字符型	15	Not null

4.3　采购业务的人-机界面设计和输入/输出设计

1．采购业务的人-机界面设计

关于采购业务的人-机界面设计，此处仅举一例，如表4-11所示。可根据输入/输出设计的要求设计界面。表4-11中，N(4)代表年份为数值型数据，并且长度为4；C代表字符型；N(8,2)代表浮点型数据，整数部分程度为8，小数部分长度为2。

表4-11　采购订单界面设计表

<table>
<tr><td colspan="5" align="center">采购订单明细录入</td></tr>
<tr><td colspan="2">采购订单编号　　　N(13)</td><td colspan="3">采购日期　　　N(4)年 N(2)月 N(2)日</td></tr>
<tr><td colspan="2">供货商编号：　　　C(6)</td><td colspan="3">供货商名称：C(30)</td></tr>
<tr><td>商品编号</td><td>商品名称</td><td>数量</td><td>单价</td><td>金额</td></tr>
<tr><td>C(8)</td><td>C(20)</td><td>N(12)</td><td>N(8,2)</td><td>N(12,2)</td></tr>
<tr><td></td><td></td><td></td><td></td><td></td></tr>
<tr><td></td><td></td><td></td><td></td><td></td></tr>
<tr><td></td><td></td><td></td><td></td><td></td></tr>
<tr><td colspan="2">采购人员编码:C(2)</td><td colspan="3">财务计账标志:C(1)</td></tr>
<tr><td colspan="2" align="center">保存</td><td colspan="3" align="center">退出</td></tr>
</table>

2. 采购业务的输入/输出设计

采购业务的输入/输出设计，此处各举一例，分别如表 4-12 和表 4-13 所示。表中，倾斜字体表示要求的内容；其他为设计人员填入的内容。

表 4-12 采购输入设计书

输入设计书   编号：*SR-001*

	设 计 项 目	内 容
发生	输入信息名	*采购订单*
	编制目的	*提出采购要求*
	编制人	*采购部门业务员*
	编制地点	*采购部门*
	编制方法	*手写*
	编制数量	*若干*
	编制周期/时间	*随机*
分配	负责人	*采购部门负责人*
	路径机方法	*采购部门→经理*
	分配形式	*一张送采购部门，一张送交经理*
收集	收集人	*采购部门业务员*
	收集地点	*库存部门*
	收集方法	*人工汇总*
	收集周期、时间	*1 次/周*
介质化	介质化人员	*采购部门业务员*
	介质化地点	*采购部门*
	介质化设备	*终端*
	介质名称	*终端画面*
	字符数	
	固定长/可变长	*固定长*
	介质化周期、时间	*每天、随机*
使用要求	输入形式	*联机实时*
	输入设备	*终端*
	输入周期、时间	*每天、随机*
	关联输入/输出文件	*库存文件*
备注		

表 4-13　采购输出设计书

输出设计书		编号：SC-001
设　计　项　目		内　　容
输出信息名		采购订单信息
输　出　目　的		掌握采购情况
介质化	输出形式	联机
	输出地点	采购部门
	输出装置	终端打印机
	输出介质	专用纸
	输出字符数	140
	输出信息量	30
	复印张数	2
	输出周期/时间	1 次/周
分配	负责人	采购部门负责人
	路径机方法	采购部门→经理
	分配形式	一张送采购部门，一张送交经理
使用要求	用户	采购部门
	保密要求	无
	保管方法	在采购部门保管
备　注		

4.4　采购业务的系统设计说明书

系统设计阶段的最后一项工作是编写系统设计说明书。系统设计说明书既是系统设计阶段的工作成果，也是下一阶段系统实施的重要依据。

下面给出了系统设计说明书的模板和每部分需要介绍的内容。

系统设计说明书

1. 引言

　　说明项目的背景、工作条件及约束、引用资料和专门术语。

2. 系统总体技术方案

　　这是最主要的部分，包括：

（1）功能模块设计

　　用结构图表示系统模块层次结构，说明主要模块的名称、功能。

（2）代码设计

　　说明所用代码的种类、功能、代码表。

（3）输出设计

　　说明输出的项目、主要功能、输出的接收者、输出的数据类型与设备、介质、数值范围、精度要求等。

（4）输入设计

说明输入的项目、主要功能、输入要求、输入的承担者、输入检验方法。

（5）数据库设计

说明数据库设计的目标、主要功能要求、需求性能规定、运行环境要求（设备、支撑软件等）、逻辑设计方案、物理设计方案。

（6）网络设计

说明系统的网络结构。

（7）安全保密设计

（8）实施方案说明

系统设计说明书还要说明实施的计划安排，给出各项工作（包括文件编制、用户培训等）的预定开始日期和完成日期，规定各项工作完成的先后次序及工作完成的标志。可以用 PERT 图或甘特图表示。经费预算中，要逐项列出本开发项目实施需要的各项经费（包括办公费、差旅费、机时费、资料费、设备租金等）。

除用户、系统研制人员外，还应邀请有关专家、管理人员审批实施方案。并将审批意见及审批人员名单附于系统设计说明书之后，实施方案方可生效。

第3篇 某超市采购业务面向对象系统分析与设计

本篇以某超市的采购业务为背景，按照第2章介绍的面向对象分析设计流程进行系统分析，包括第5、6章的采购业务的用例图、交互图、状态图，以及第7章的采购业务类图映射成数据库关系图。

第 **5** 章 — 采购业务用例图

用例图的使用贯穿系统分析、设计、开发、测试和维护的全过程。用例图用来描述系统的功能以及系统与外界的交互，是 UML 中的一个重要的图。画用例图是系统分析中的重要步骤。

5.1 寻找采购业务角色

在一份需求报告里，一定会有一部分内容描述系统需要实现的功能，以及完成这些功能需要的流程。不同的需求报告可能采取不同的方式描述这部分内容。

采购业务的流程如 3.2 节所述。首先从需求报告里找到名词，如下所示：

库存部门	采购申请单	采购管理员	采购付款申请单
供应商信息	商品信息	采购订单	经理
供应商	财务部门	产品送货单	采购入库申请单
采购退货单	采购订单报表	采购商品报表	采购退货报表
采购退货收款申请单			

在找名词过程中有几个地方需要注意：

① 在需求中的名词只写一遍。例如，采购管理员多次出现，由于它们表示同一事物，所以只写一次即可。

② 含义相近或相关联的名词要视具体情况而定。例如，供应商信息和供应商两个名词很相近，供应商是指提供产品的一个部门或者个人，应该抽象成角色。供应商信息表示的是供应商名称、编号等信息，这些信息需要保存以供查询，供应商信息应该抽象成实体类。再如，对于"采购订单"这个名词，在需求中还有审核未合格订单、合格的采购订单，它们是采购订单的两种状态，也可以说它们是实体类采购订单的两个对象，所以，这两个名词可以省略，只用采购订单一个名词。

从需求里找出的名词可以看做对象，下一步要从对象中抽象出类。因为角色也是类，具有类的各种特性，所以，可以从这些名词里抽象出角色。

角色是外界与系统进行交互的人、部门或者其他系统。从上面的名词中，可以找到的角色如下：
库存部门　采购管理员　经理　供应商　财务部门

5.2 确定采购业务用例

找到角色以后，可以对系统进行分析，确定系统用例。

5.2.1　寻找角色在系统中的行为

　　系统每个功能的实现、每个流程的完成都需要有角色参与其中。如果将每个角色所参与的事件都找到了，那么整个系统就可以确定了，系统边界就找到了。

　　在采购业务系统中，5 个角色参与的事件如下：

　　（1）库存部门

　　（1.1）库存部门根据需求制订采购申请单。

　　（1.2）如果到货商品验收合格，则采购管理员制订采购入库申请单提交给库存部门。

　　（2）采购管理员

　　（2.1）采购管理员根据采购申请单提出的需求，查阅供应商信息和商品信息，编制采购订单。

　　（2.2）采购管理员编制采购订单后报经经理进行审核。

　　（2.3）经理将审核未合格的订单返回给采购管理员重新编制。

　　（2.4）采购管理员根据合格的采购订单，编制采购付款申请单并将其提交给财务部门。

　　（2.5）采购管理员要根据采购订单和送货单对到货产品进行验收。

　　（2.6）如果到货商品验收合格，采购管理员制订采购入库申请单，提交给库存部门。

　　（2.7）如果验收不合格，则制订采购退货单，交付给供应商。

　　（2.8）采购管理员根据采购退货单制订相应的采购退货收款申请单，并将其提交给财务部门。

　　（2.9）采购管理员对采购订单进行统计，并将其汇总信息制作报表上报经理。

　　（2.10）采购管理员对采购商品进行统计，并将其汇总信息制作报表上报经理。

　　（2.11）采购管理员对采购退货单进行统计，并将其汇总信息制作报表上报经理。

　　（3）经理

　　（3.1）采购管理员编制采购订单后报给经理，经理进行审核。

　　（3.2）采购管理员对采购订单进行统计，并将其汇总信息制作报表上报经理。

　　（3.3）采购管理员对采购商品进行统计，并将其汇总信息制作报表上报经理。

　　（3.4）采购管理员对采购退货单进行统计，并将其汇总信息制作报表上报经理。

　　（4）供应商

　　（4.1）采购管理员将合格的采购订单交付给选定的供应商。

　　（4.2）如果到货商品验收不合格，则采购管理员制订采购退货单，交付给供应商。

　　（5）财务部门

　　（5.1）采购管理员将合格的采购订单交付给财务部门。

　　（5.2）采购管理员根据合格的采购订单，编制采购付款申请单并将其提交给财务部门。

　　（5.3）采购管理员根据采购退货单制订相应的采购退货收款申请单，并将其提交给财务部门。

　　在这里有几个地方需要注意：

　　① 角色在与系统进行交互过程中，可能是事件的主动触发者，也可能是事件的被动接收者。例如，采购管理员对采购订单进行统计，并将其汇总信息制作成采购订单报表上报经理。在这个事件里，采购管理员是主动送报表的人，经理是被动接收报表的人。这两个角色都是制作报表并上报事件的参与者，这个事件应该在两个角色参与的事件里都要有体现，如（2.9）和（3.2）。

　　② 确定角色在系统中参与的事件的意义在于找到系统边界，找出系统做了什么，哪些事件是属于

系统的，哪些事件不是属于系统的。例如，当采购管理员的产品到货后，供应商需出具送货单，这个事件就不是系统内的事件。更深入一点说，供应商出具送货单这个事件不需要采购系统编程实现。

③ 归纳每个角色所做的事件，可以详细划分，也可以粗略划分。例如，采购管理员参与的事件如下：

采购管理员

2.1 采购管理员根据采购申请单提出的需求，查阅供应商信息和商品信息，编制采购订单。

2.2 ……

也可以把事件分得再细一点，如下：

采购管理员

2.1 采购管理员查询出采购申请单。

2.2 采购管理员查阅有关的供应商信息和商品信息。

2.3 采购管理员编制采购订单。

2.4 ……

其原则就是把每个角色参与的事件都找到，至于编号时，把事件划分的大一点还是小一点都不是原则问题。只要在下一步规划用例的时候，每个事件只属于一个用例就可以。

5.2.2　确定采购业务用例

系统分析中，确定系统用例是一个很重要的步骤。用例是系统为了完成某种功能将一系列的事件聚合在一起而构成的，确定用例时可以将相关性强的事件综合成一个用例。分析采购业务需求报告，可以得到它主要完成 3 部分功能：采购订单管理、货品验收和生成报表，这 3 个功能就是系统的 3 个用例。采购订单管理用例包括采购管理员制订订单、经理审核订单、采购管理员根据订单制订采购付款申请单。货品验收用例包括采购管理员验收货品、采购管理员根据退货单制订退货收款单。生成报表用例包括采购管理员制订采购订单报表、采购商品报表、采购退货单报表，并将其送交经理。

确定系统用例应注意用例间应该高内聚、低耦合，也即一个用例就是一个功能模块，用例间最好不要有过多的联系，用例应该是独立的、完整的。用例是一系列事件的组合，对一个系统的用例数目没有硬性规定。但是，如果把每一个事件作为一个用例是不合适的，这将使用例分得太细，用例的数目太多。如果将一个系统作为一个用例这也是不合适的，这样就体现不出系统分析设计中提出用例这个概念的作用。

图 5-1 中，将事件归入所属的用例，需要注意的是每个事件只能属于一个用例。用例内的功能是在角色主动或者被动参与下完成的，下一步需要确定的是用例与哪些角色有关。将用例与相应的角色连接起来，一个初步的用例图就形成了，如图 5-2 所示。需要注意用例图中用例与角色的箭头方向。如果角色驱动用例执行，箭头方向指向用例。如果角色被动接收用例的驱动，则箭头指向角色。

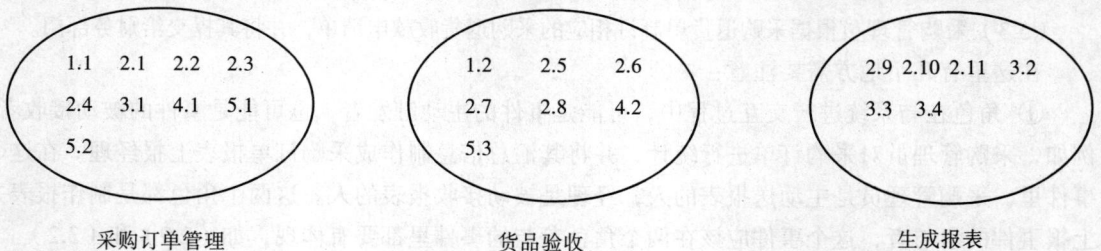

1.1　2.1　2.2　2.3 2.4　3.1　4.1　5.1 5.2	1.2　　2.5　　2.6 2.7　　2.8　　4.2 5.3	2.9 2.10 2.11　3.2 3.3　3.4
采购订单管理	货品验收	生成报表

图 5-1　采购业务的 3 个用例

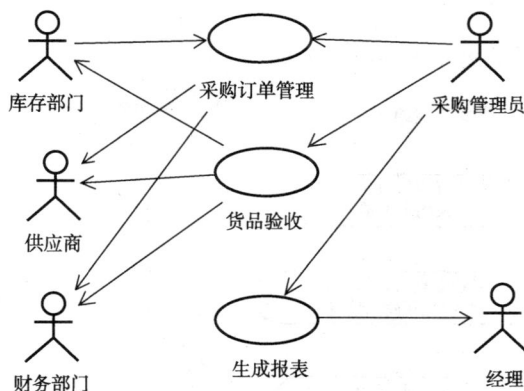

图 5-2　采购业务的用例图

　　一个系统的用例图并不唯一，只要合理就可以。在 5.4 节可以看到采购业务的用例图还可以有其他形式。

　　如果把面向对象的分析设计方法与结构化的分析设计方法相比较，确定用例相当于画出系统的功能结构图，或者是数据流程图的一层图。

5.3　用事件流和活动图描述采购业务用例

　　用例内包括一系列的事件，将这些事件按时间的顺序连接起来，形成一个流程。用例提供的功能就是由这些流程实现的，通过这些流程，我们可以看到用例实现的过程。

　　描述用例可以有两种方法：事件流和活动图。这两种方法描述的对象是一致的，只是在表现方式上不同。事件流是用文字来描述用例，活动图是用图形来描述用例。

　　下面以采购订单管理用例为例，讲述用例描述的两种方法。对照下面的事件流和活动图，可以看到它们是等价的，只是表现形式不同。在分析阶段，采用活动图更有助于对系统需求的理解。

　　采购订单管理用例的事件流如下：

　　（1）主事件流

　　① 库存部门制订采购申请单。

　　② 采购管理员查阅供应商信息和商品信息。

　　③ 采购管理员编制采购订单并提交。

　　④ 经理审核订单。

　　A1：订单审核不合格。

　　⑤ 经理将合格的采购订单交给供应商和财务部门。

　　⑥ 采购管理员查询合格的采购订单。

　　⑦ 采购管理员编制采购付款申请单并提交给财务部门。

　　（2）其他事件流

　　A1：订单审核不合格。

　　① 经理将审核未合格的订单返回给采购管理员。

② 返回到主事件流步骤 3。

采购订单管理用例的活动图如图 5-3 所示。

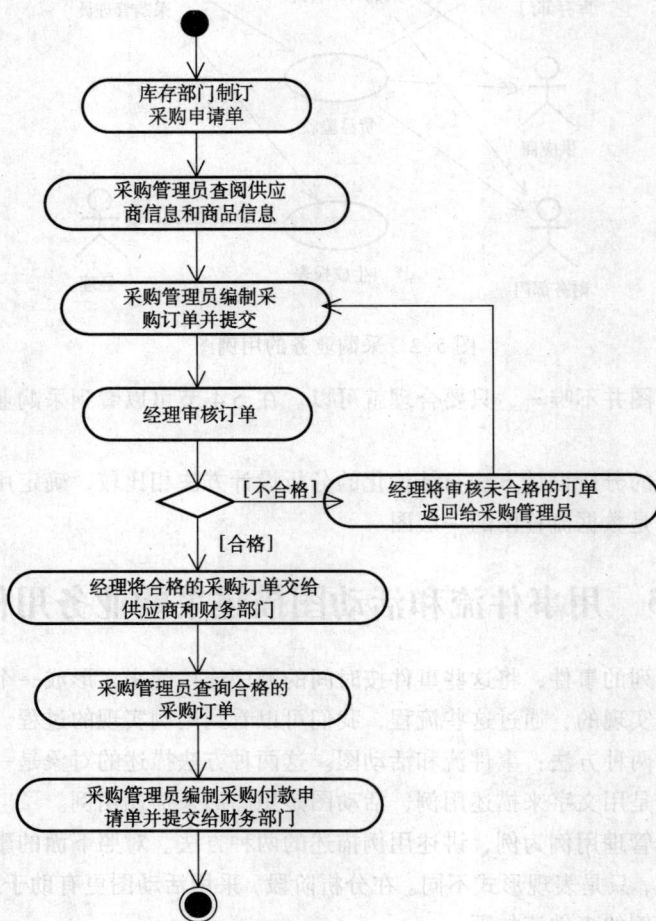

图 5-3　采购订单管理用例的活动图

5.4　采购业务用例优化

用例图和活动图初步确定之后，还需要进行用例优化。优化的目标的在于把用例整合或者分拆，使用例在系统分析与设计过程中效率最高。

进行用例的优化有 3 种方法，其实也就是利用用例间的 3 种关系来优化用例，即包含、泛化、扩展。

5.4.1　用例间的包含关系

包含关系的实质是将几个用例共同拥有的部分提取出来，作为一个新用例，被其他用例共享。将第 5.2.2 节中分析得到的生成报表用例拆分为生成采购订单报表用例、生成商品信息报表用例、生成退货单报表用例，如图 5-4 所示。原生成报表用例的用例图变为图 5-5 所示。

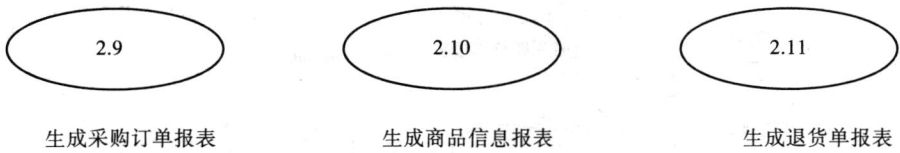

图 5-4 生成报表用例拆分后的 3 个用例

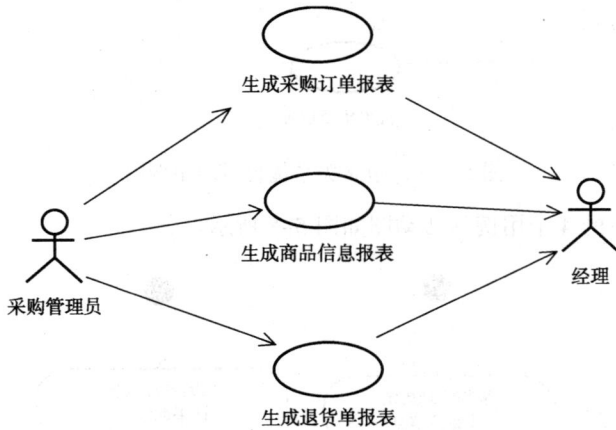

图 5-5 拆分后的生成报表用例的用例图

拆分得到的 3 个新用例的活动图如图 5-6 所示。

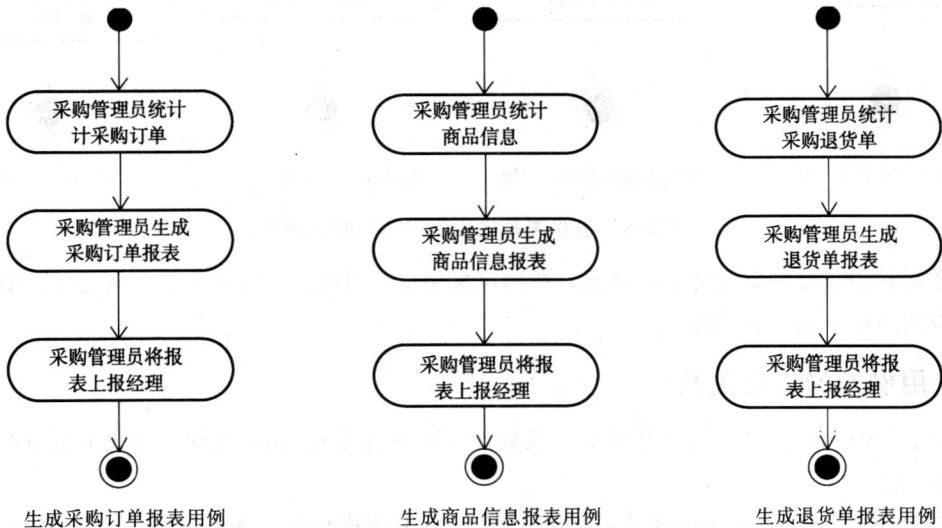

图 5-6 3 个新用例的活动图

观察 3 个用例的活动图，发现 3 个用例都包括采购管理员将报表上报经理事件，那么就可以将这个事件提取出来作为一个新用例报表上报，由其他用例共享这个用例。新的用例图如图 5-7 所示。

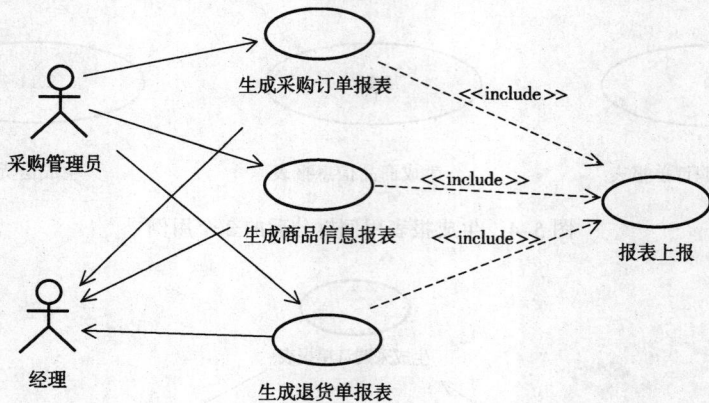

图 5-7 　 用包含关系优化后的用例图

优化后的用例图中的 4 个用例的活动图如图 5-8 所示。

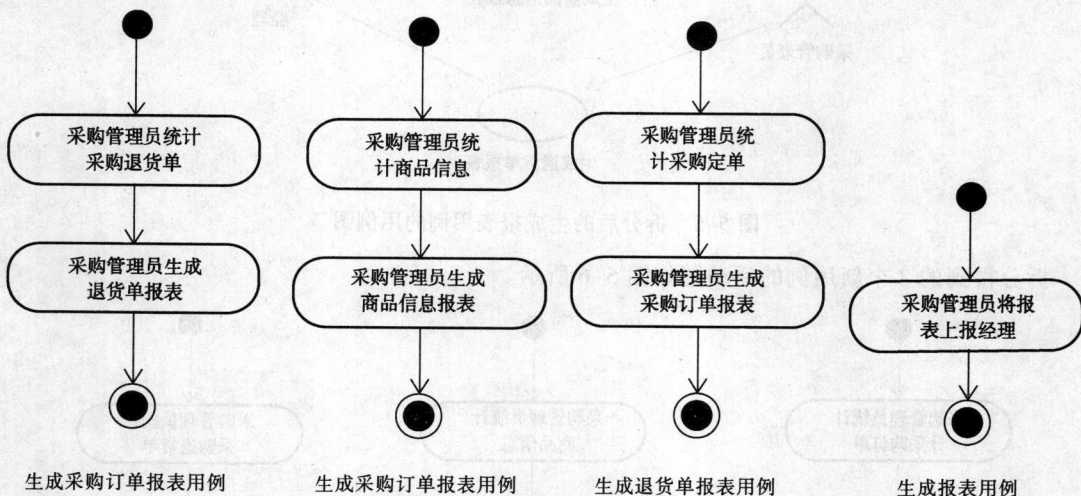

图 5-8 　 包含关系优化用例图后的活动图

这样就利用包含关系优化了用例图。在画包含关系的时候，虚线的箭头方向是非常值得注意的，应该朝向被分离出的用例。

5.4.2　用例间的泛化关系

泛化是 UML 中的概念，等价于面向对象软件开发中的继承。用例之间的泛化关系与类图的泛化关系不一样。

首先介绍一个活动图中的概念：情景。情景是用例执行的一条路径。用例间的泛化关系实质是将一个拥有不相交情景的用例分拆成几个子用例。如果一个用例由几个不相交的情景构成，这时它的活动图或者是由并发构成，或者是由选择构成，我们就可以用泛化关系优化这个用例。

采购业务中的生成报表用例和它的活动图如图 5-9～图 5-11 所示。

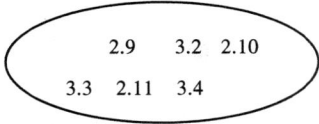

图 5-9　采购业务中的生成报表用例

图 5-10　生成报表用例的用例图

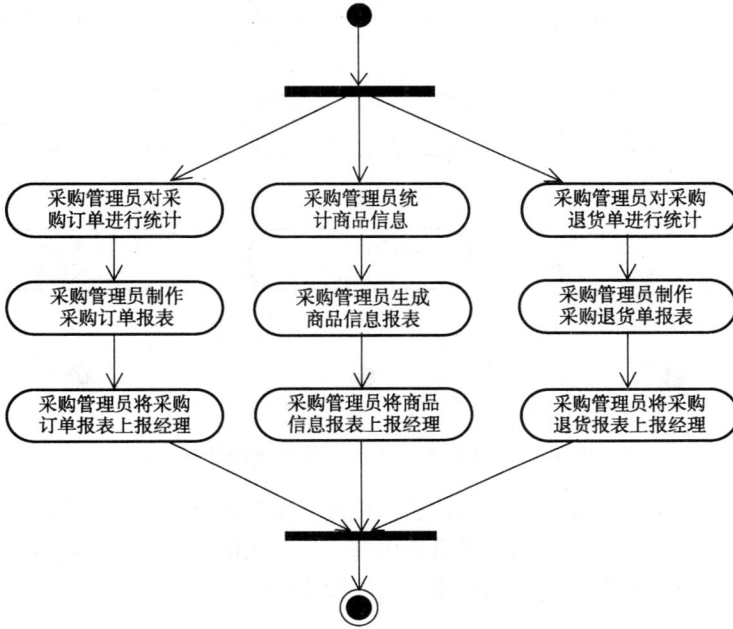

图 5-11　生成报表用例的活动图

从图 5-11 中可以看到，生成报表用例是由 3 个不相交的情景构成，这 3 个情景是并发关系。可以将每个情景作为一个新用例，将生成报表用例拆分成生成采购订单报表用例、生成采购订单报表用例和生成退货单报表用例。

优化后的用例图如图 5-12 所示。

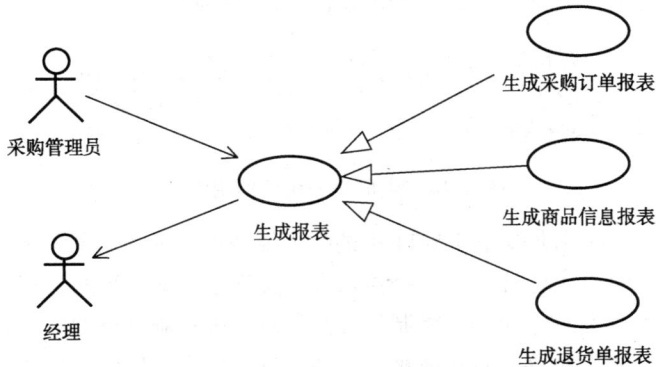

图 5-12　用泛化关系优化后的用例图

优化后的用例图中，4 个用例的活动图如图 5-13 所示。

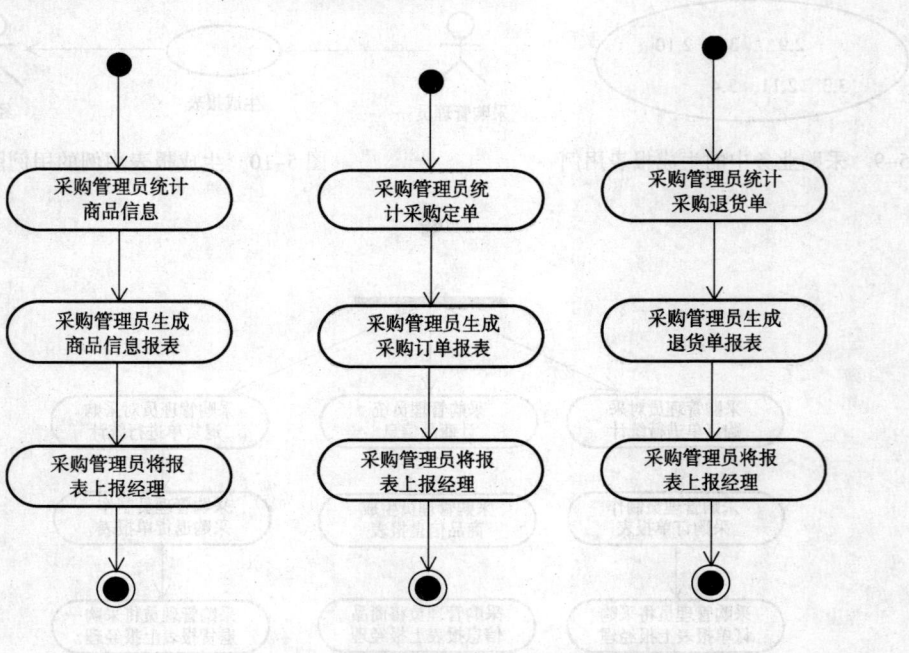

图 5-13　泛化关系优化后的用例的活动图

这样我们利用泛化关系优化了用例图，这里仍然需要注意泛化箭头的方向，应指向泛化出其他用例的原用例，这里，就应该指向生成报表用例。一个用例之所以用泛化关系去优化它，是由于观察到这个用例的活动图是由几个不相交的情景构成的。

5.4.3　用例间的扩展关系

用例的扩展关系与泛化关系是有些相似的。如果一个用例的一部分由分支或并发构成，那么可以将其中的一条或多条路径提取出来作为一个新用例，并被原用例引用，这就是用扩展关系优化用例。

仍以生成报表用例为例。但是对它的活动图加以修改，将原来 3 个情景内的"采购管理员将报表上交经理"这个事件提出来。用例图和活动图如图 5-14 所示。

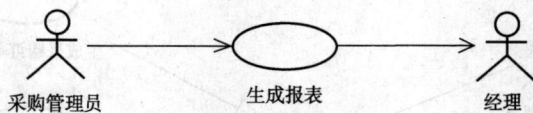

图 5-14　生成报表用例的用例图

可以看到图 5-15 中的活动图与图 5-11 中的生成报表用例的活动图是不同的，这两个活动图都是合理的。图 5-15 中的活动图中的 3 个情景有相交部分，即"采购管理员将报表上报经理"事件。这时用扩展关系优化这个用例，将制订商品信息报表和制订退货单报表部分（不包括"采购管理员将报表上报经理"事件）从生成报表用例中分离出去，形成 2 个新用例。这 2 个新用例与生成报表用例之间是扩展关系，扩展点是制订报表。

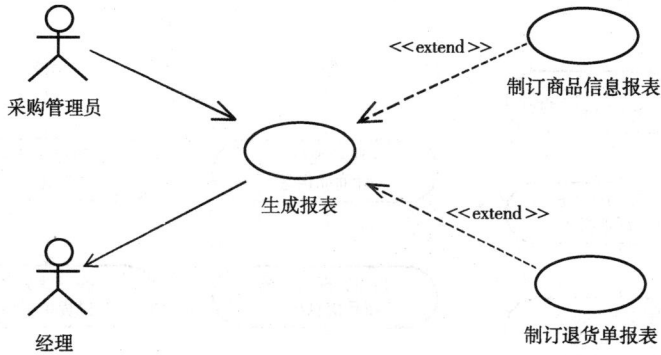

图 5-15　生成报表用例的活动图

优化后的用例图如图 5-16 所示。

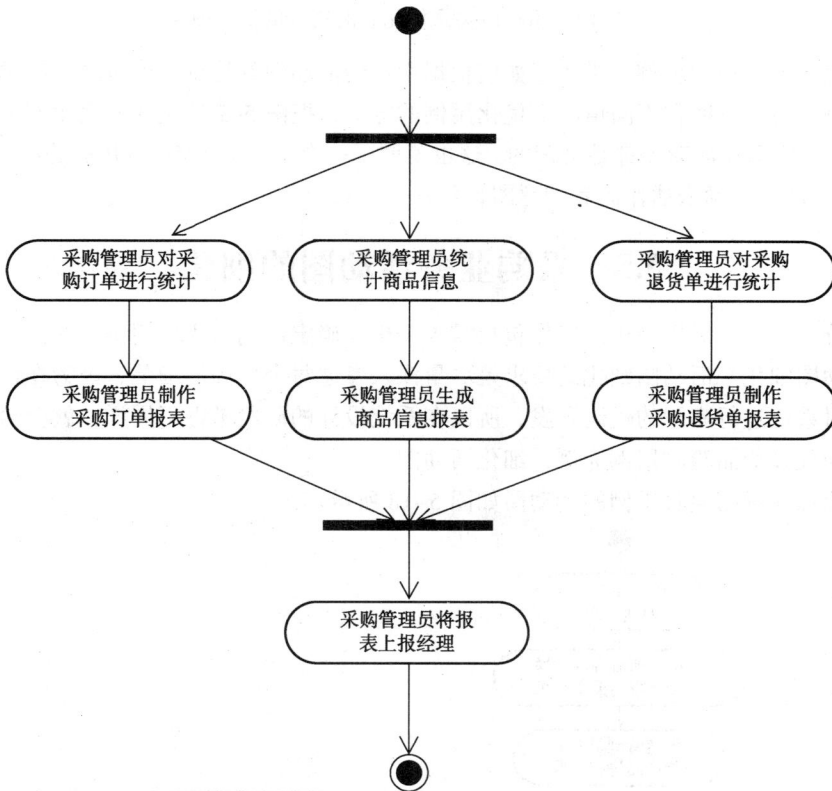

图 5-16　用扩展关系优化的用例图

优化后的用例图中的 3 个用例的活动图如图 5-17 所示。

使用扩展关系优化用例也一样需要注意扩展关系的虚线箭头方向，应指向分离出新用例的原用例，在这里应该指向生成报表用例。而且还要指出用例的扩展点，就是新用例是从原用例哪部分分离出来的。

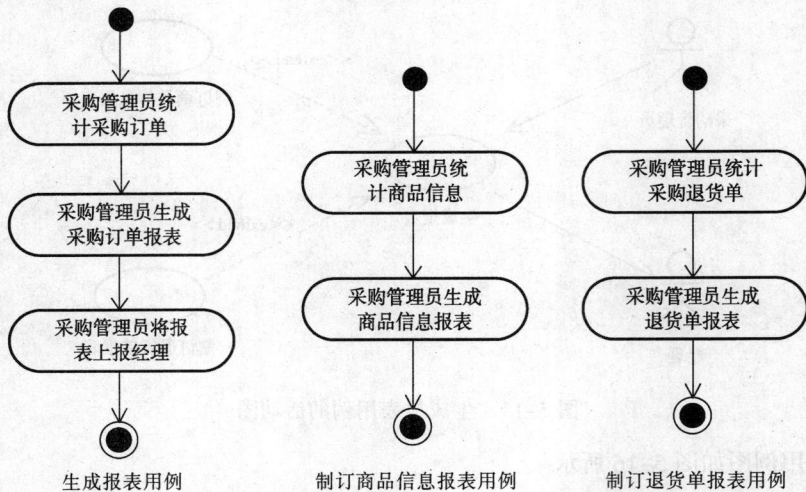

图 5-17 用扩展关系优化后的用例的活动图

以上以生成报表用例为例,讲述了如何根据用例的活动图的特点,用包含、泛化、扩展 3 种关系优化用例。为了说明在不同情况下优化用例的方法,把图 5-2 的生成报表用例做了适当的变化,变化后的用例图和活动图都是合理的。这也说明了一个系统的 UML 图并不是唯一的,只要符合 UML 规则,能够正确表达作图者的意图,就是正确的。

5.5 采购业务活动图的细化

在系统分析阶段,需要完成的工作包括需求分析、确定用例和优化用例。在设计阶段,需要对用例的活动图细化。活动图细化的要求是尽量深入考虑每个事件的细节,因为在设计过程完毕之后,就要对系统进行实际的代码开发,所以在系统设计的阶段考虑不周详,就会给代码开发带来麻烦。下面仅以货品验收用例为例,细化活动图。

分析阶段描述货品验收用例的活动图如图 5-18 所示。

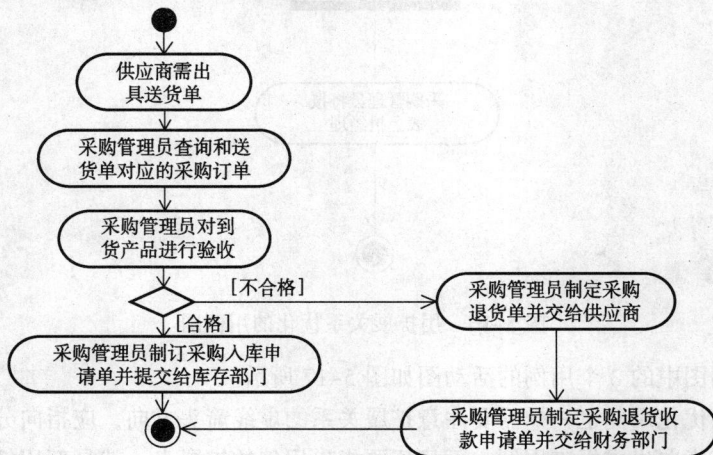

图 5-18 分析阶段货品验收用例的活动图

设计阶段细化后的货品验收用例的活动图如图 5-19 所示。

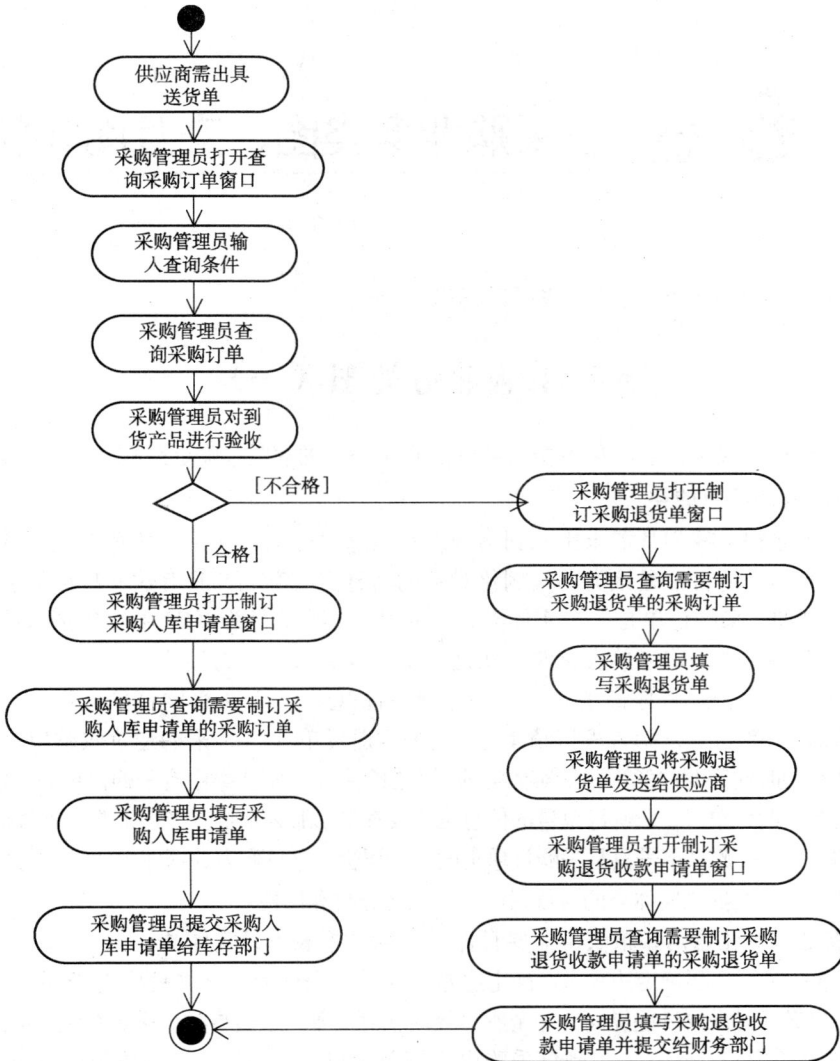

图 5-19 细化后的货品验收用例的活动图

第 6 章 —— 采购业务类图、交互图和状态图

本章主要是详细讲解类图、交互图和状态图的内容。

6.1 采购业务类图（一）

本节内容包括寻找采购业务中的类、寻找采购业务中的属性、确定采购业务中类之间的关系。

1. 寻找采购业务中的类

在系统分析之初，我们从需求中找到名词，并从这些名词中找到了角色。现在从这些名词中找到实体类。实体类的特征是该类的实例化对象的信息需要存储，具有这些特征的名词就可以抽象成实体类。例如，采购订单是一个实体类，它的对象（如编号为 001、002 等的采购订单）的信息需要在数据库中建立采购订单表存储。在这个采购业务系统中的实体类有：

采购申请单	供应商信息	商品信息	采购订单
采购付款申请单	采购入库申请单	采购退货单	采购退货收款申请单

在找实体类的时候需要注意不要把实体类的属性抽象成类。实体类中有采购订单类，如果在需求中找到的名词还有采购订单号，采购订单号的信息也需要存储，那么是否应当将采购订单号抽象成类呢？答案是否定的，因为采购订单号只是采购订单类的一个属性，它只作为数据库中的采购订单表的采购订单号字段存储。所以在抽象实体类的时候，应当注意区分类和属性。

还有一点是需要注意的，报表不需要存储，所以，报表不是实体类。

除了实体类以外，还要确定边界类。确定边界类应该是系统设计中的内容，进行系统设计时，需要考虑系统与用户交互时需要哪些界面，一个程序界面就对应着一个边界类。采购系统中的边界类有：

制订采购订单窗口	制订采购申请订单窗口	审核采购订单窗口
查询采购订单窗口	制订采购付款申请单窗口	制订采购入库申请单窗口
制订采购退货单窗口	制作采购订单报表窗口	制作采购商品报表窗口
制作采购退货报表窗口	制订采购退货收款申请单窗口	

2. 寻找采购业务中的属性

实体类和边界类都应该有属性。

在采购业务中，只考虑实体类。实体类的属性可以从需求报告中得到。采购业务需求中提供了采购申请单等单据的格式和内容。在所有的需求报告中，一定会有一部分能够找到实体类的属性。根据需求，采购业务的采购入库申请单类的属性如图 6-1 所示。

边界类也有属性，应该是在设计阶段确定。边界类的属性就是在窗口中的各个文本框、按键、复选框等的控件名。

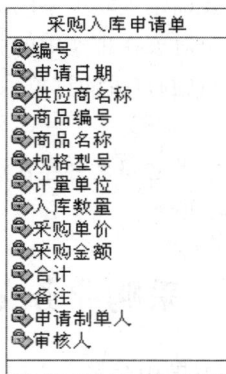

图 6-1 采购入库申请单类的属性

3. 确定采购业务中类之间的关系

关联关系是类之间最常见的关系。如果两个类的对象在现实中发生了一些关系，例如，采管员根据采购申请单指出的需求，编制采购订单。如果根据编号 001 的采购申请单制订了编号 001 的采购订单，这是两个对象之间的关系，因为对象间的参考制订关系，实体类采购申请单和采购订单之间就有了关联关系。确定两个类是否具有关联关系，一定要从这两个类的对象之间看。在采购系统中，关联关系如图 6-2 所示。

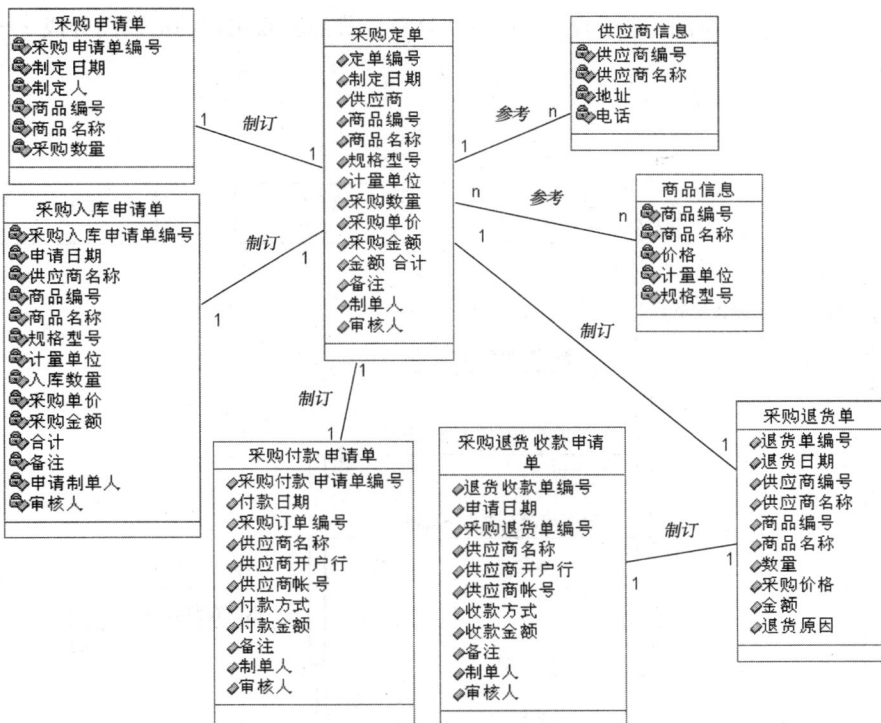

图 6-2 采购业务类图中的关联关系

　　确定了类之间的关联关系，还需要确定关联关系的关联名和重数。关联名和重数也都是从对象的层面上确定的，关联名是描述两个对象在现实中的关系。例如，根据采购申请单制订采购订单，关联名就是"制订"；参考商品信息制订采购订单，关联名就是"参考"。重数是有关联关系的两个类的对象间的数量对应关系。

　　在采购系统的类图里，还需要考虑类之间是否存在泛化、聚合和组合的关系。经分析没有这些关系，则分析阶段的类图就如图 6-2 所示。

6.2　采购业务交互图

　　交互图属于 UML 中的动态图，交互图中包括顺序图和协作图，顺序图和协作图是等效的，可以相互转换。顺序图强调在时间序列上对象间发生了什么样的信息交互，协作图强调任意两个类之间发生了什么样的信息交互。

6.2.1　采购业务顺序图

　　顺序图可以根据细化后的活动图来绘制。将活动图中的每个活动画成顺序图中两个对象间的一次信息交互。一般情况下，一个用例对应一个活动图，一个活动图对应一个或多个顺序图。以货品验收用例为例，把细化后的活动图转换成顺序图，在这里我们遇到了一个问题。在图 5-18 中的活动图有货品验收合格或不合格，这需要用活动图的分支表示，这种情形在顺序图里画起来就会很麻烦，会把图画的很乱，难于理解，所以在这里将货品验收用例的活动图分成 3 个顺序图，如图 6-3～图 6-5 所示。

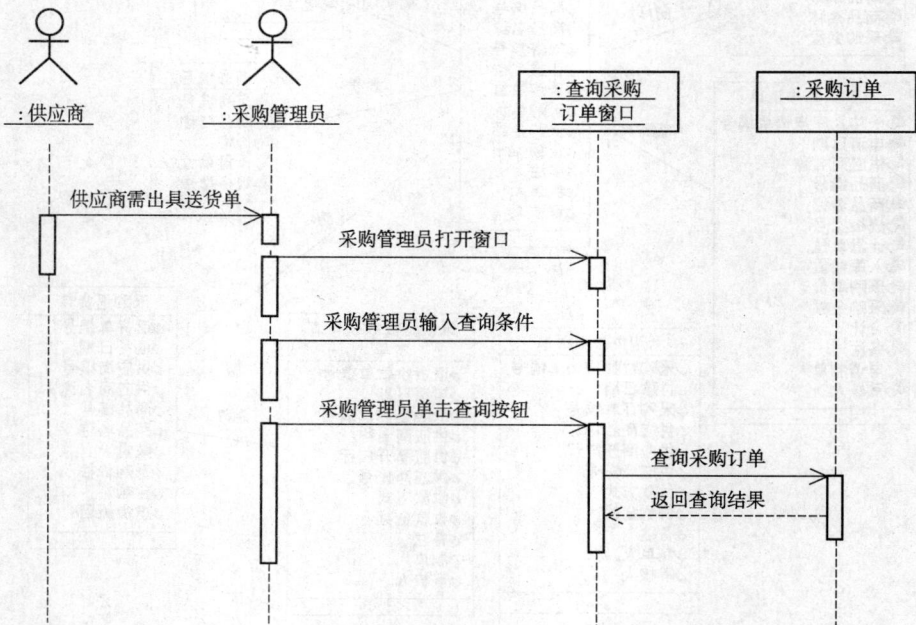

图 6-3　产品到货后验收的顺序图

活动图中如果有过多的分叉和并发，顺序图画起来就会非常复杂，难于理解。这时可以用灵活的方式，用不同的方法来画顺序图，最基本的原则是只要易于理解就可以。可以采取加注释、加标号、拆分为多个顺序图等方法处理。

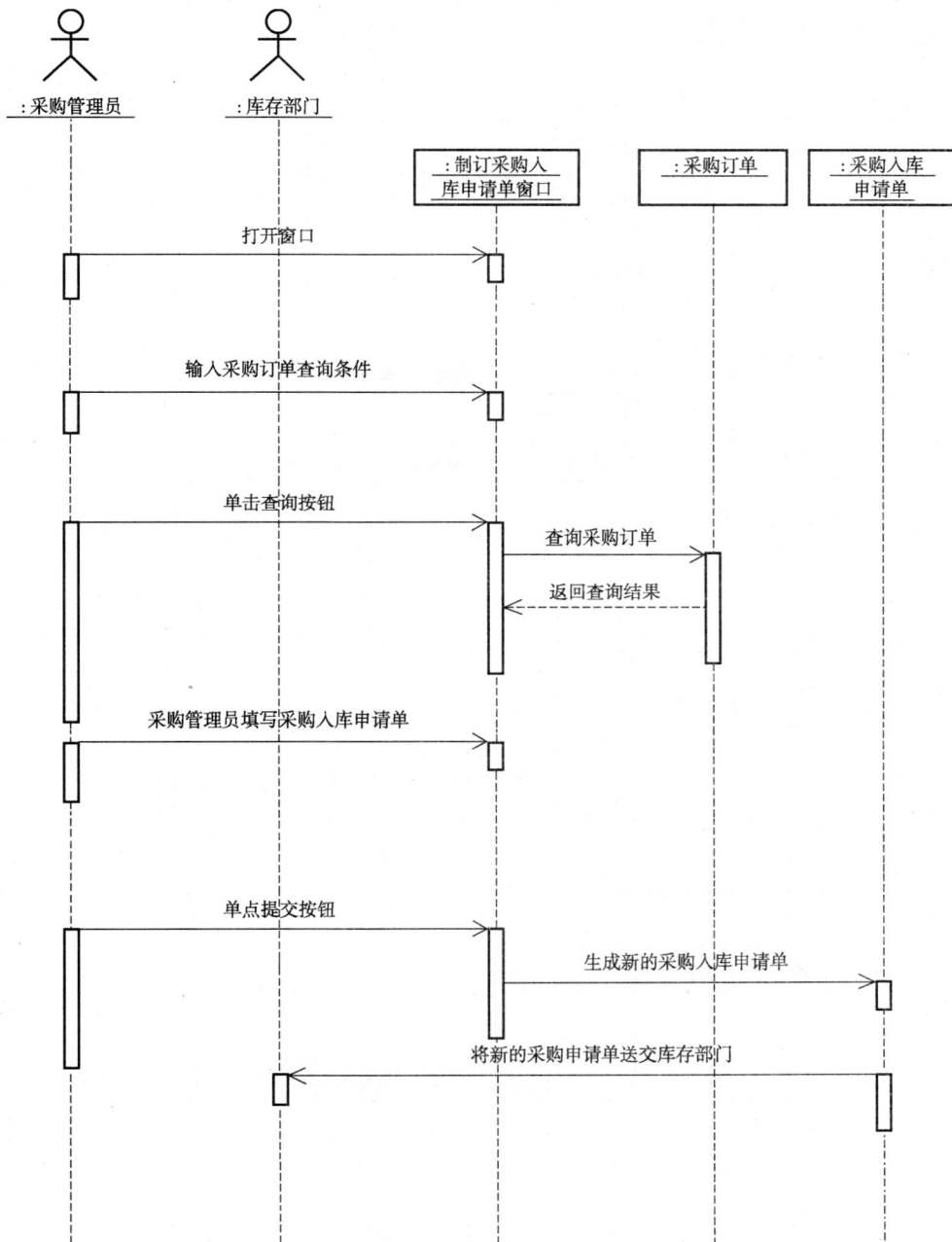

图 6-4　产品验收合格的顺序图

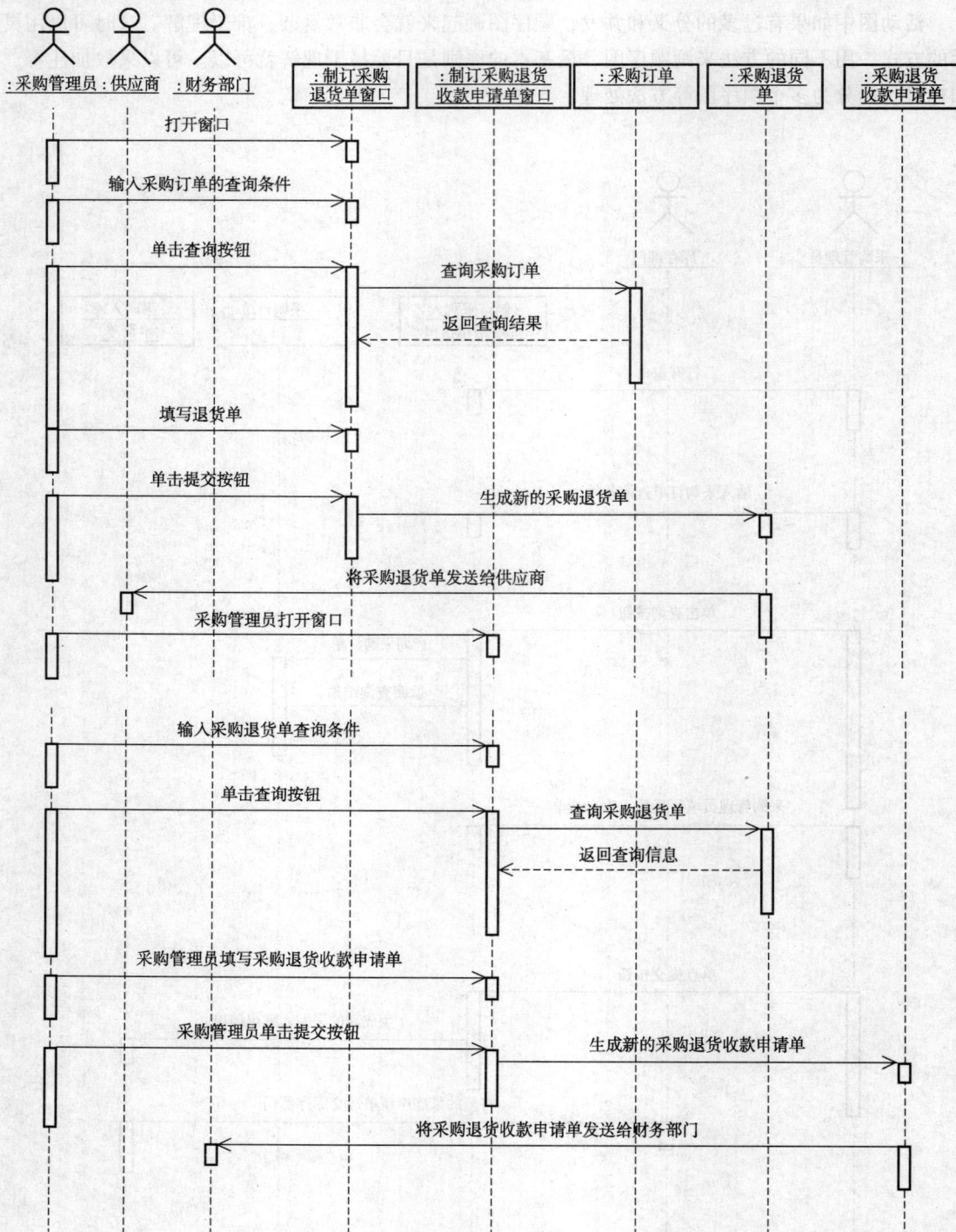

图 6-5　货品验收不合格的顺序图

6.2.2　采购业务协作图

协作图与顺序图是等价的，可以用软件（如 Rose）由顺序图生成。下面以货品验收用例的产品到货后验收的顺序图为例，请大家体会一下顺序图和协作图的转化。顺序图见前面图 6-3，对应的协作图如图 6-6 所示。

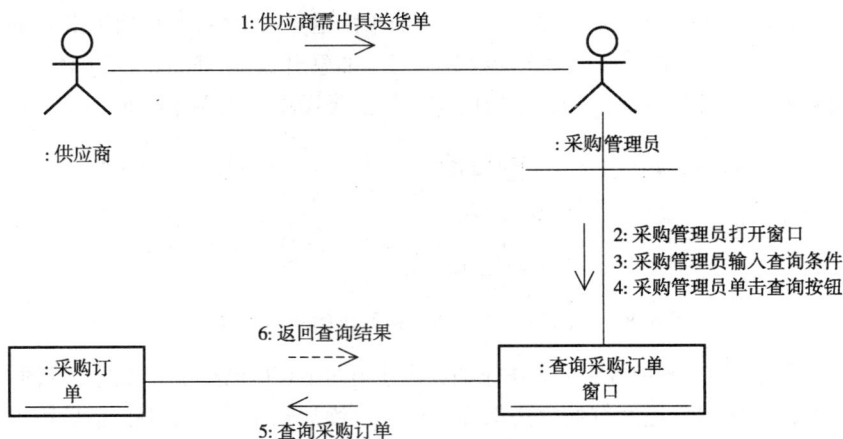

图 6-6　产品到货后验收的协作图

6.3　采购业务类图（二）

类包括类名、属性和方法。类的方法描述类的行为，如汽车类具有行驶、加油、刹车等行为。寻找类的方法一般都是放在设计阶段进行，我们确定系统都有哪些行为要实现，以及把这些行为封装在哪个类里实现，这些行为就是类的方法。设计阶段完成之后，就要编写代码实现系统。需要在每个方法里编写什么代码，实现什么功能，就是在这个步骤确定的。

将细化后的活动图转化为顺序图，从顺序图中寻找类的方法。在顺序图中有同步消息和异步消息。同步消息是当消息发送后，消息发送者停止下来等消息接收者工作并返回一个消息，消息发送者才继续工作，这个过程其实就是一个面向对象编程中方法调用的过程。异步消息是一个简单的消息传递，消息发送者发送消息后，继续工作，不等待回复。可以通过判断消息的类型来确定类的方法。

在查询采购订单窗口的对象中，消息"采购管理员单击查询按钮"抽象出 Buttonclick_Search()方法。

在制订采购退货单窗口的对象中，消息"单击查询按钮"抽象出 Buttonclick_Search()方法；消息"采购管理员单击提交按钮"抽象出 Buttonclick_Insert()方法。

在制订采购退货收款申请单窗口的对象中，消息"单击查询按钮"抽象出 Buttonclick_Search()方法；消息"采购管理员单击提交按钮"抽象出 Buttonclick_insert()方法。

将上述找到的边界类的方法添加到相应的边界类的类图中，如图 6-7 所示。

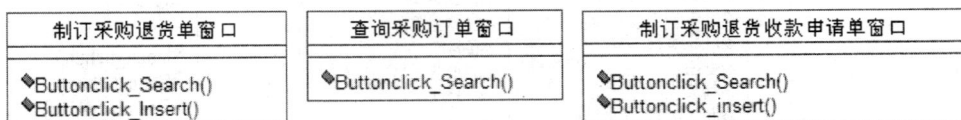

制订采购退货单窗口	查询采购订单窗口	制订采购退货收款申请单窗口
◆Buttonclick_Search() ◆Buttonclick_Insert()	◆Buttonclick_Search()	◆Buttonclick_Search() ◆Buttonclick_insert()

图 6-7　货品验收顺序图中提取出的边界类的方法

在采购订单的对象中，消息"查询采购订单"抽象出 Search_dingdan()方法。

在采购退货单的对象中，消息"生成新的采购退货单"抽象出 Insert_tuihuo()方法；消息"将采购退货单发送给供应商"抽象出 Send_tuihuo()方法；消息"查询采购退货单"抽象出 Search_tuihuo()方法。

在采购退货收款申请单的对象中，消息"生成新的采购退货收款申请单"抽象出 Insert_shoukuan()方法；消息"将采购退货收款申请单发送给财务部门"抽象出 Send_shoukuan()方法。

将上述找到的实体类的方法添加到相应的实体类的类图中，如图 6-8 所示。

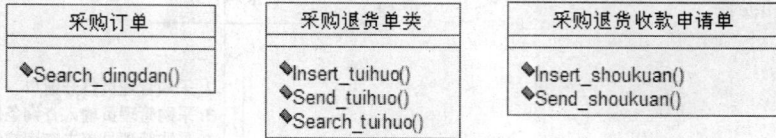

图 6-8　货品验收顺序图中提取出的实体类的方法

在货品验收用例的顺序图中找到的方法添加到实体类图中相应的类里，类图变成图 6-9 所示。

从每个用例的顺序图中把所有的方法都提取出来，添加到实体类图中，最后可以得到采购业务的完整的实体类图。

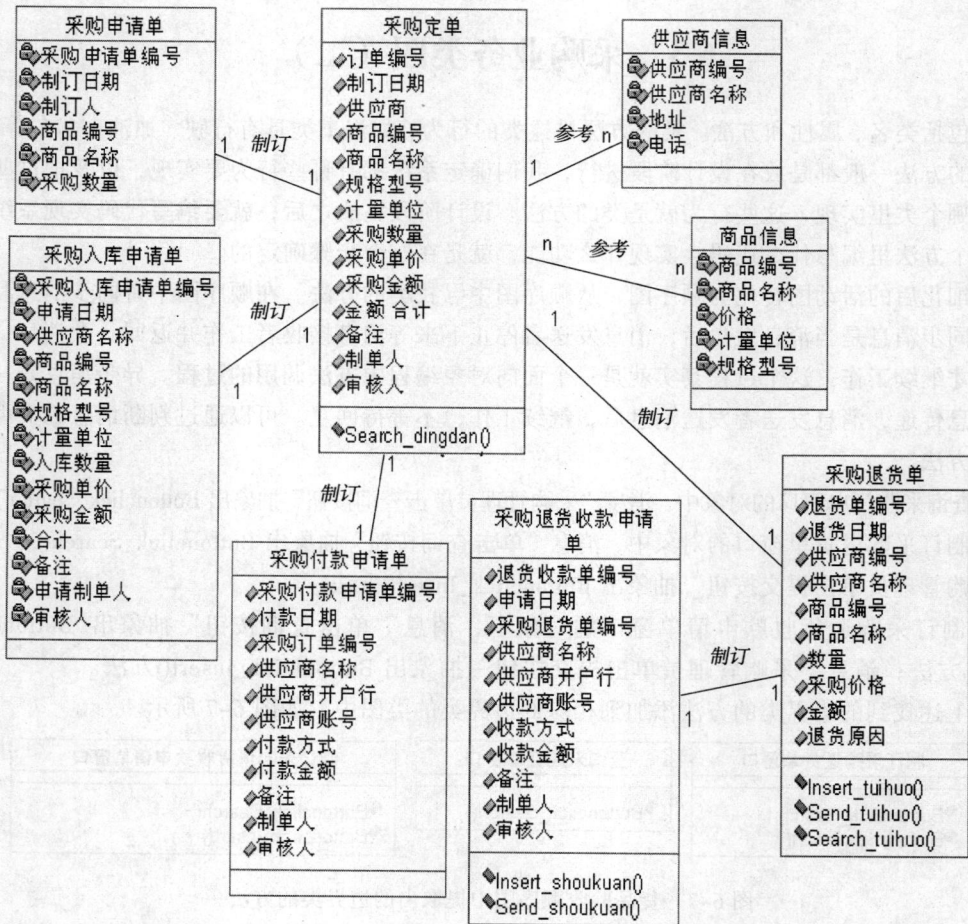

图 6-9　货品验收顺序图中提取方法后的实体类图

6.4　采购业务状态图

状态图是一种辅助性的图，也是动态图，它有助于系统的分析设计，有助于对系统的理解。状态图描述一个类通过事件的触发，从一个状态转移到另外一种状态上。一个类可以有一个状态图，但并不是所有的类都可以画状态图，如果一个类的属性没有多个状态，那么这个类就没有状态图。例如，商品信息类就没有状态图。采购订单有多种状态，有未审核的订单，审核通过的订单，审核未通过的订单，等等。为了帮助理解系统，就需要把状态图画出来。

采购订单类的属性除了需求分析报告中提供的以外，通过分析还需要增加"采购订单是否审核"、"采购订单是否审核通过"和"订单是否重新填写好" 3 个属性以表明订单的状态。其属性值为布尔型，即属性值为 true 或 false（是或否）。最后得到由这 3 个属性的不同属性值的组合表示采购订单状态，如表 6-1 所示。

表 6-1　采购订单的状态表

采购订单是否审核过	采购订单是否审核通过	采购订单是否重新填写好	采 购 定 单 状 态
否	否	否	订单初次填写好并被提交，未被审核过
是	否	否	订单被审核但未通过，返回给销售员尚未被重填
是	是	否	订单被审核并且通过，无须重填
是	否	是	订单审核未通过，采购管理员重新填写好
是	是	是	状态不存在
否	否	是	状态不存在
否	否	是	状态不存在
否	是	否	状态不存在

由此表知道采购订单的合理状态有 4 种，根据需求分析提供的内容画出状态图，如图 6-10 所示。

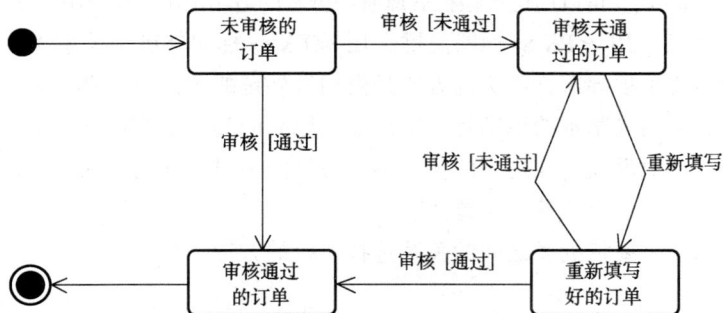

图 6-10　采购订单的状态图

需要注意的是箭头上的动作表示触发采购订单从一个状态转移到另外一个状态的动作，表现动作的一定要是动词。订单的各种状态一定要是名词，如未审核的订单。

第 **7** 章 —— 采购业务类图映射成数据库关系表

在设计阶段后期需要根据类图进行数据库设计，我们根据类图进行数据库的设计。因为现在更多使用的还是关系型数据库，不是面向对象的数据库，所以把类图中的实体类映射成数据库中的关系表并确定表之间的关系，依据的就是类之间的关系，即关联关系、泛化关系、聚合关系和组合关系。

面向对象分析设计方法与结构化的分析设计方法相比较，数据库设计的原理是一样的，但是因为类图和 E-R 图的不同，使得数据库设计方法也不尽相同。

在 UML 中，可以用构造型表示映射后的关系表及表间的关系，如图 7-1 所示。

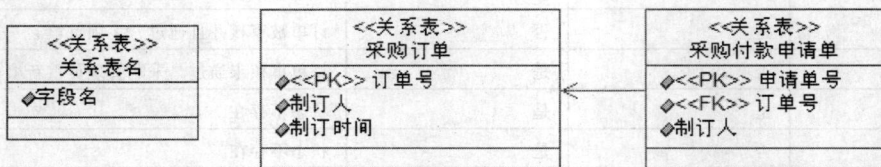

<<关系表>> 关系表名	<<关系表>> 采购订单	<<关系表>> 采购付款申请单
◇字段名	◇<<PK>> 订单号 ◇制订人 ◇制订时间	◇<<PK>> 申请单号 ◇<<FK>> 订单号 ◇制订人

图 7-1　用构造型表示的关系表

图 7-1 是描述关系表的基本格式，"《 》"是构造型的标志。构造型的提出是因为 UML 提供的符号不能满足用户的需求时，可以用构造型扩展原有的符号的适用范围。我们用，《关系表》说明用类图的规范描述关系表，用《PK》标明主键，用《FK》标明外键，关系表之间主外键关系用类图中的导航性标明（单项导航，箭头的方向是由拥有外键的表指向外键来源的表）。

把类图映射成关系表最基本的原则是：不能丢失原有的类图中的信息；不能向关系表中添加类图中没有的信息；映射后关系表之间的关系不能与类图中对应的类之间的关系冲突；关系表之间的关系应该合理；关系表应该符合三范式。

类图映射成关系表主要依据类之间的关系选择映射的方法。

7.1　类图映射成数据库关系表的基本方法

关联关系是类图中最常见的关系，映射类图中的关联关系主要考虑的是关联的重数。

一对一的关联关系可以映射成 1 张关系表、2 张关系表或者 3 张关系表。映射成 3 张表理论上可行，但在实际中没有什么必要。

图 6-2 所示的类图中，采购入库申请单与采购订单是一对一的关系，映射成 2 张关系表，如图 7-2 所示。

<<关系表>> 采购入库申请单
🔑 <<PK>> 采购申请单编号
🔑 <<FK>> 订单编号
🔑 申请日期
🔑 供应商名称
🔑 商品编号
🔑 商品名称
🔑 规格型号
🔑 计量单位
🔑 入库数量
🔑 采购单价
🔑 采购金额
🔑 合计
🔑 备注
🔑 申请制单人
🔑 审核人

<<关系表>> 采购订单
◇ <<PK>> 订单编号
◇ 供应商
◇ 日期
◇ 商品编号
◇ 商品名称
◇ 规格型号
◇ 计量单位
◇ 采购数量
◇ 采购单价
◇ 采购金额
◇ 金额合计
◇ 备注
◇ 制单人
◇ 审核人

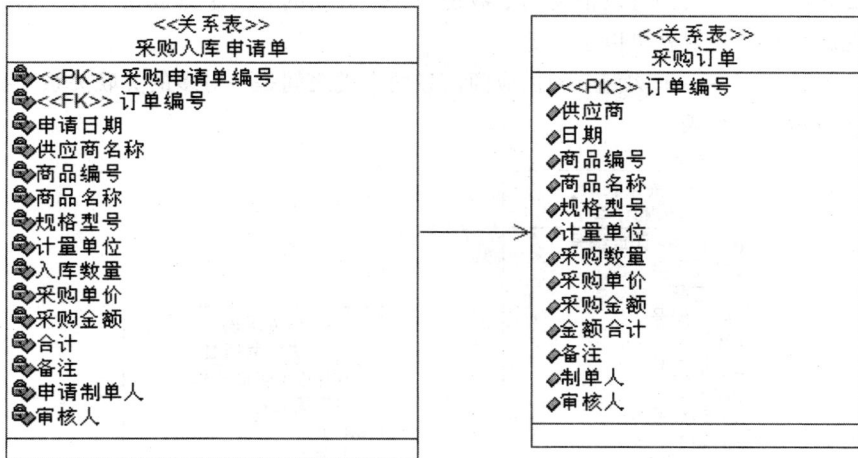

图 7-2 一对一的关联映射成 2 张关系表

图 7-2 中，我们把采购订单的主键订单号作为采购入库申请单的外键。因为在类图中采购入库申请单和采购订单是一对一的关系，所以也可以把采购入库申请单的主键采购申请单号作为采购订单的外键。由哪个属性作外键，需要看具体情况而定。

如果将一对一的关联关系的两个类映射成 1 张关系表也是可以的。采购入库申请单和采购订单的一对一的关联关系中，在采购申请单号和采购订单号中选择一个作为表的主键，其他属性都作为这张表的非主属性。映射后的关系表如图 7-3 所示。

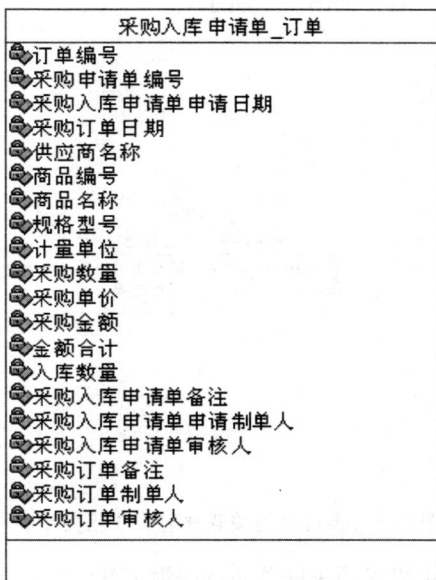

采购入库申请单_订单
🔑 订单编号
🔑 采购申请单编号
🔑 采购入库申请单申请日期
🔑 采购订单日期
🔑 供应商名称
🔑 商品编号
🔑 商品名称
🔑 规格型号
🔑 计量单位
🔑 采购数量
🔑 采购单价
🔑 采购金额
🔑 金额合计
🔑 入库数量
🔑 采购入库申请单备注
🔑 采购入库申请单申请制单人
🔑 采购入库申请单审核人
🔑 采购订单备注
🔑 采购订单制单人
🔑 采购订单审核人

图 7-3 一对一的关联映射成 1 张关系表

类图中两个类之间是一对多的关联关系，则两个类可以映射成 2 张关系表或者 3 张关系表，通常映射成 2 张关系表。我们可以把类的重数是"一"方向的表的主键放在"多"的方向的表里作外键，其他属性直接映射就可以了。

图 7-2 所示的类图中，采购订单和供应商信息两个类之间是一对多的关联关系，我们把它们映射成图 7-4 所示的关系表。

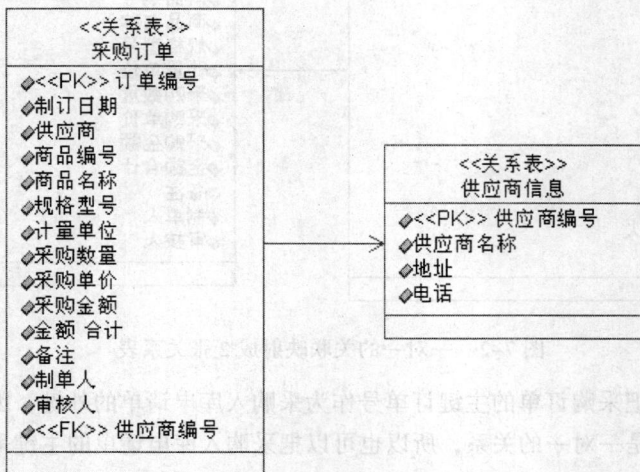

图 7-4　一对多的关联映射成 2 张关系表

多对多的关联关系必须映射成 3 张关系表。在图 7-2 中采购订单和商品信息两个类是多对多的关联，在映射的时候需要把采购订单中的主键订单号和商品信息中的主键商品信息号作为联合主键并同时作外键，形成第三张表，如图 7-5 所示。

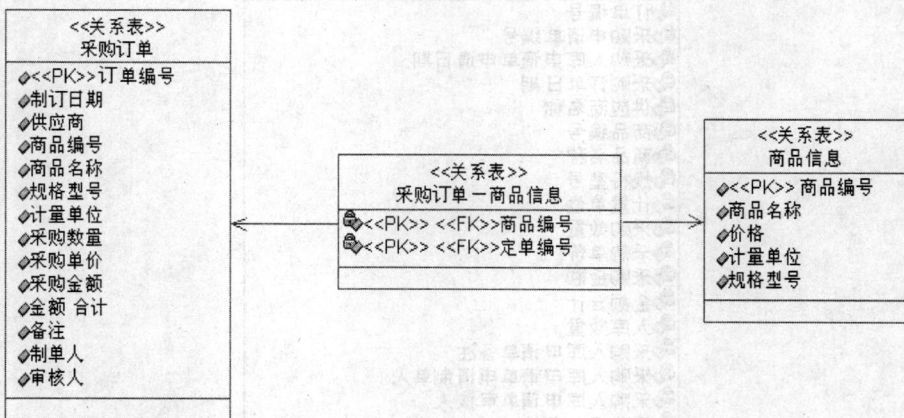

图 7-5　多对多的关联映射成 3 张关系表

类之间的聚合和组合关系可以参照关联关系的映射方法。泛化关系可以将父类的主键放在子类里作外键，也可以将父类和子类合成一张表，由父类的主键作新表的主键。由于采购业务的类图里没有泛化、聚合和组合关系，就不特别举例说明了。

7.2　采购业务类图映射成的关系表

在实际的从类图到关系表的映射过程中，还需要考虑数据库的范化问题和其他问题。映射的基本方法在第 7 章中已经说明，但是在具体操作时，需要灵活运用这些方法，达到数据库设计的合理、有效。

在采购业务中，采购订单、采购申请单、采购入库申请单、采购退货单中，包含相同的商品明细信息，这会造成数据库存储的冗余。可以将这些商品明细放在一张表里，在这张表里需要采购订单编号（以上的单据之间都是一对一的关联映射，可以由采购订单号作代表）和商品编号作联合主键。恰好采购订单和商品信息之间的多对多关联关系映射出的第三张表"采购订单 – 商品信息"表符合这个要求，所以可以将商品明细信息放在这张表里，并将其更名为"商品明细"表。在采购付款申请单、采购退货收款申请单中，可将其中的供应商相关信息放入供应商信息类里。最终采购业务类图映射成的关系表如图 7-6 所示。

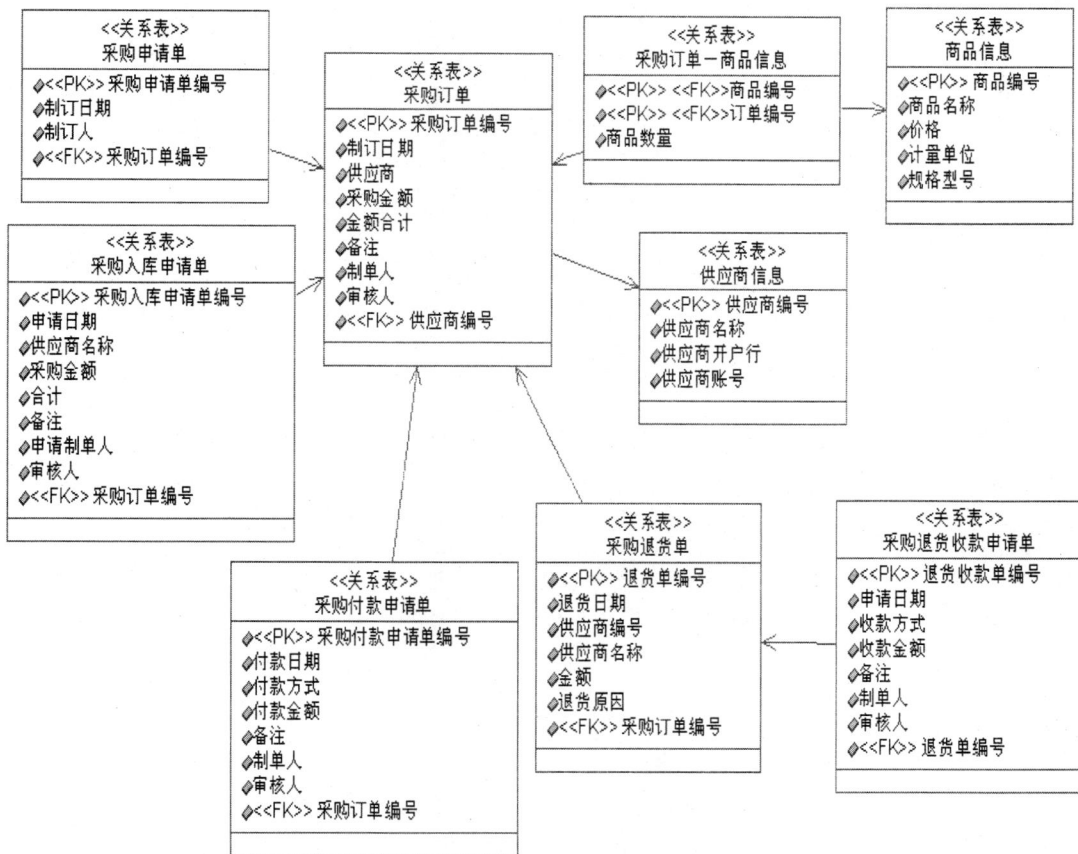

图 7-6　采购业务类图映射成的关系表

第4篇 某超市采购系统实施

　　本篇根据前面章节对采购管理系统的分析与设计的结果，在第 8 章介绍了采购管理系统面向过程的实施过程，采用了 Visual Basic 工具开发，数据库使用 SQL Server 2000。主要内容包括数据库的连接、系统登录和订单明细表增、删、查、改的实现。在第 9 章中介绍了采购管理系统面向对象的实施过程，采用 Eclipse 工具开发，数据库使用 Access。主要内容包括数据库的连接、供应商查询、生成采购订单、提交采购订单等功能的实现。

第 8 章 —— 采购系统面向过程方法的实施

采购管理系统采用 Visual Basic 工具开发，数据库使用 SQL Server 2000，主要实现了采购管理系统中订单明细表增加、删除、查询、修改功能。

8.1 数据库连接

1. 新建 DBConnStr.txt 文本文件
在文件中写出连接数据库的字符串：

```
Provider=SQLOLEDB.1;Persist Security Info=False;User ID=登录数据库用户
名;Initial Catalog=数据库名;Data Source=数据库服务器名或 IP
```

登录数据库用户名是登录 SQL Server 2000 用户；数据库名是采购管理系统数据库，本书中数据库名为 cggl；数据库服务器名或 IP 是安装 SQL Server 2000 的机器名或 IP 地址。

2. 定义函数
实现从 DBConnStr.txt 文件中取出字符串，并赋值给全局变量 ConnStr，该变量是数据库连接变量，在实现对数据库操作时都要使用它。

程序代码如下：

```
Private Function GetDBConnStr()
  Dim FSO1 As New FileSystemObject
  Dim TxtFile1 As TextStream
  Set TxtFile1=FSO1.OpenTextFile(App.Path+"\DBConnStr.txt", ForReading, True)
  If(Not TxtFile1.AtEndOfLine)Then
    GetDBConnStr=TxtFile1.ReadLine
  Else
    MsgBox "连接字符串文件未找到！"
    End
  End If
End Function
```

3. 数据库连接代码
数据库连接的程序代码如下：

```
'创建 Connection 对象实例
Set myConn=New ADODB.Connection
'设定 ConnectionString 属性连接数据库
myConn.ConnectionString=ConnStr
myConn.Open
```

8.2　登　　录

系统登录界面如图 8-1 所示。

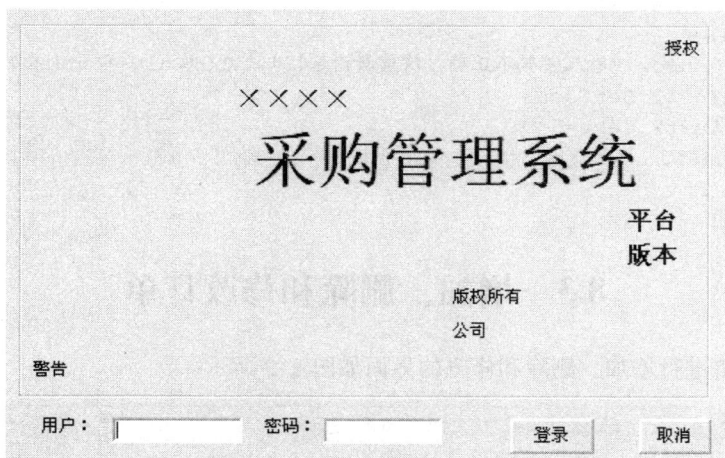

图 8-1　登录界面图

本系统实现分权限登录，主要有两种权限用户，一种是高级用户，能够使用系统所有功能，另一种是一般用户，只能使用查询功能。

1. 登录代码

登录的程序代码如下：

```
'用来存放 SQL 语句
  Dim txtSQL As String
'用来存放记录集语句
  Dim mrc As ADODB.Recordset
'用来存放返回信息
  Dim MsgText As String
'判断输入用户是否为空
  If Trim(Text1.Text="")Then
    MsgBox "没有这个用户，请重新输入用户名！", vbOKOnly+vbExclamation, "警告"
    Text1.SetFocus
  Else
```

2. 查询指定用户名的记录

查询指定用户名的记录的程序代码如下：

```
txtSQL="select * from login where userid='"&Text1.Text & "'"
'执行查询语句
Set mrc=ExecuteSQL(txtSQL, MsgText)
If mrc.EOF=True Then
  MsgBox "没有这个用户，请重新输入用户名！", vbOKOnly+vbExclamation, "警告"
  Text1.SetFocus
Else
```

3. 判断输入密码是否正确

程序代码如下：

89

```
        If Trim(mrc.Fields(1))=Trim(Text2.Text)Then
          UserGrd=mrc.Fields(2)
          mrc.Close
          MainF.Show
          Unload Me
        Else
          MsgBox "输入密码不正确，请重新输入！", vbOKOnly + vbExclamation, "警告"
          Text2.SetFocus
          Text2.Text=""
        End If
      End If
    End If
```

8.3　增加、删除和修改订单

系统中对订单进行增加、删除和修改的界面如图 8-2 所示。

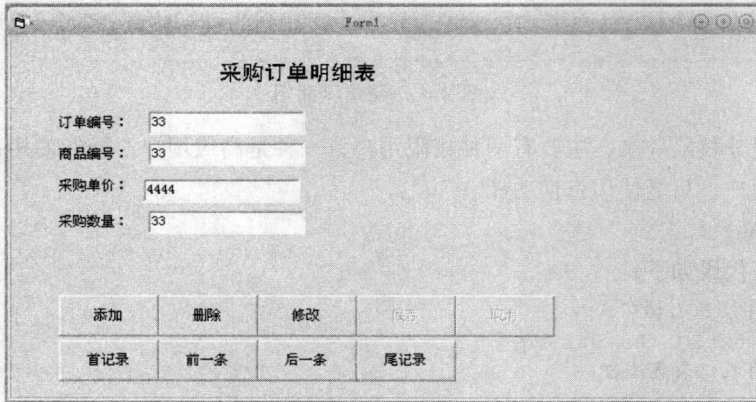

图 8-2　增加、删除和修改订单界面

1．增加功能

实现订单明细表的增加操作，主要使用 ADO 编程对象实现该功能。

调用 RecordSet 对象的 AddNew 方法如下：

```
    myRecord.AddNew
```

进行按钮设置，同 ADO 控件编程：

增加代码如下：

```
    Command1.Enabled=False
    Command2.Enabled=False
    Command3.Enabled=False
    Command6.Enabled=False
    Command7.Enabled=False
    Command8.Enabled=False
    Command9.Enabled=False

    Command4.Enabled=True
    Command5.Enabled=True
```

2．删除功能

实现对订单明细表的删除操作，主要使用 ADO 编程对象实现该功能。

删除代码如下：

```
'调用 RecordSet 对象的 Delete 方法删除数据
ans=MsgBox("确定删除吗?",vbYesNo,"!")
If ans=vbYes Then
myRecord.Delete
myRecord.MoveFirst
End If
```

显示数据：

```
ShowData
```

3．保存功能

实现对订单明细表的保存操作，主要使用 ADO 编程对象实现该功能。

保存代码如下：

```
If Text1.Text="" Then
  MsgBox "订单编号不能为空!"
  Text1.SetFocus
  Exit Sub
ElseIf IsNumeric(Text3.Text)=False Then
  MsgBox "请输入数值"
  Exit Sub
ElseIf IsNumeric(Text4.Text)=False Then
  MsgBox "请输入数值"
  Exit Sub
End If
myRecord("cg_no")=Text1.Text
myRecord("sp_id")=Text2.Text
myRecord("stounit")=Text3.Text
myRecord("stoamount")=Text4.Text
'调用 Recordset 对象 Update 方法保存数据
' myRecord.Update
'恢复其他控件的属性
Command1.Enabled=True
Command2.Enabled=True
Command3.Enabled=True
Command6.Enabled=True
Command7.Enabled=True
Command8.Enabled=True
Command9.Enabled=True
```

同时使保存和取消按钮失效：

```
Command4.Enabled=False
Command5.Enabled=False
myRecord.MoveFirst
```

显示数据：

```
ShowData
```

8.4　查　询　功　能

实现订单明细表的查询操作，主要有分类查询和全部查询。

1. 分类查询代码

程序代码如下：

```
If(Text1.Text <> "")Then
  sql="select * from cgdd_mingxi where cg_no='"+Text1.Text+"'"
Else
    MsgBox "请指定查询条件"
  Exit Sub
End If
rst.Open sql, conn, adOpenKeyset, adLockOptimistic
Set DataGrid1.DataSource=rst
ExecuteSQL_Exit:
  Set conn=Nothing
  Exit Sub
ExecuteSQL_Error:
```

显示错误信息代码如下：

```
Label2.Caption="错误: " & Err.Description
Resume ExecuteSQL_Exit
```

2. 全部查询代码

使用 ADO 控件实现该功能，Adodc 控件中属性设置，代码如下：

```
Connectionstring=Provider=SQLOLEDB.1;Integrated   Security=SSPI;Persist
Security Info=False;Initial Catalog=数据库名;Data Source=数据库服务器名或 IP;
Recordsource=cgdd_mingxi
```

Datagrid 控件中属性设置：

```
Datasource=adodc1
```

第 9 章 —— JSP 技术实现采购模块

9.1 准备开发环境

1. 安装 JDK

JDK（java development kit）是一切 Java 应用程序的基础，可以说，所有的 Java 应用程序是构建在此之上的。它是一组 API，也可以说是一些类或接口。目前常用的 JDK 版本有 JDK 1.4.2 和 JDK 1.5，这里以 JDK 1.4.2 为例介绍其安装和配置过程。

JDK 下载地址为 Java 官方站点：http://www.oracle.com/technetwork/java/index.html

在 Windows 下，直接运行 j2sdk-1_4_2-windows-i586.exe 文件。JDK 的安装过程中会要求用户选择一个路径，假设路径为 D:\j2sdk1.4.2（j2sdk1.4.2 是安装时系统默认的文件夹，也可以修改成如 jdk14）。

JDK 安装结束后需要配置 3 个环境变量，分别是 JAVA_HOME、path 和 classpath。环境变量可以在"系统属性"对话框的"高级"选项卡中进行设置。

2. 安装 Tomcat

Tomcat 的下载地址：http://tomcat.apache.org/。

我们以 Tomcat 5.0.9 为例进行安装。

【注意】高版本的 Tomcat 需要 JDK1.5 的支持。

双击 jakarta-tomcat-5.0.9.exe 文件，进入安装界面，单击 Next 按钮，如图 9-1 所示。

图 9-1　安装 Tomcat

在下一个界面中单击 I Agree 按钮。在 Choose Components 界面中选中需要的组件，建议全部选中，然后单击 Next 按钮，如图 9-2 所示。

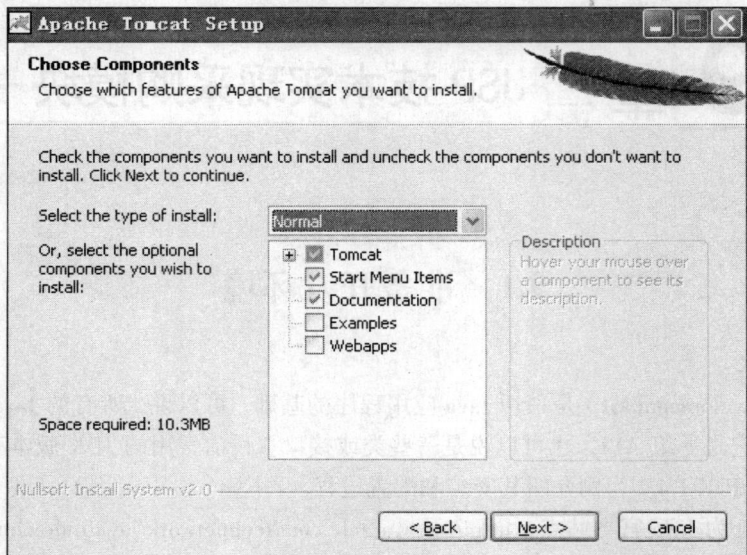

图 9-2　选择 Tomcat 安装的组件

选择 Tomcat 的安装路径，然后单击 Next 按钮，如图 9-3 所示。

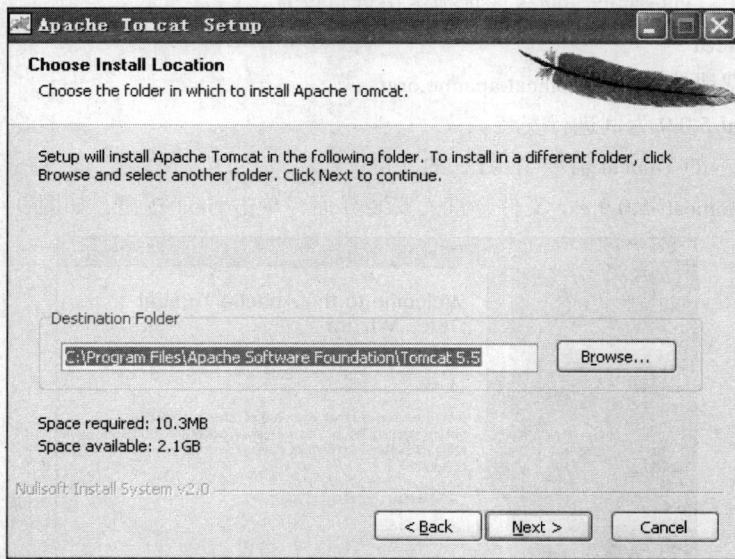

图 9-3　选择 Tomcat 的安装路径

输入默认的 HTTP 协议的端口，建议使用 8080，然后输入管理员 admin 的密码，以备在以后的管理中进行身份认证，单击 Next 按钮，如图 9-4 所示。

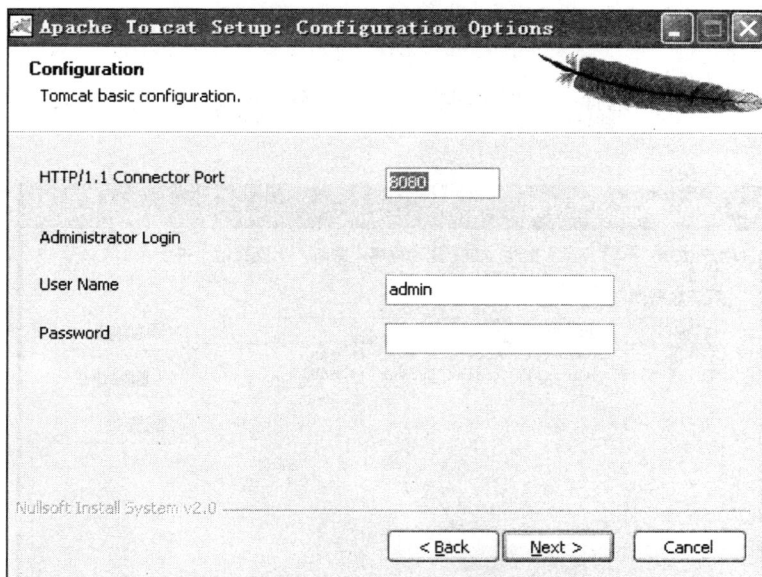

图 9-4　设置服务器启动后的默认端口以及管理员的密码

指明 JDK 安装的路径，然后单击 Install 按钮进行安装，如图 9-5 所示。

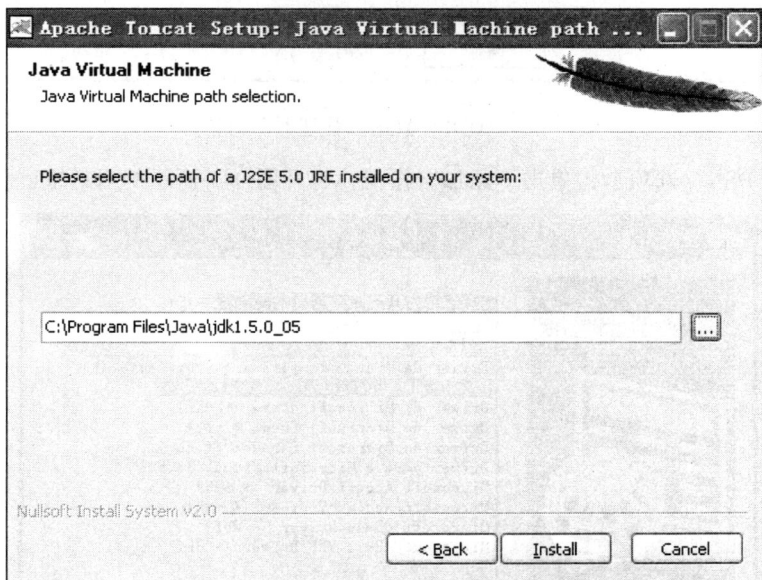

图 9-5　选择 JDK 的安装路径

最后单击 Finish 按钮，完成 Tomcat 的安装。

3．运行环境

（1）发布程序

将光盘里的 Purchase.war 包放在 Tomcat 安装路径/Webapps 目录下，启动 Tomcat 后，自动发布 Purchase 工程，可以输入下面地址进行访问：

```
http://localhost:8080/Purchase
```

（2）配置数据源

在"控制面板"窗口中选择"管理工具"→"数据源（ODBC）"选项，打开图 9-6 所示的对话框。

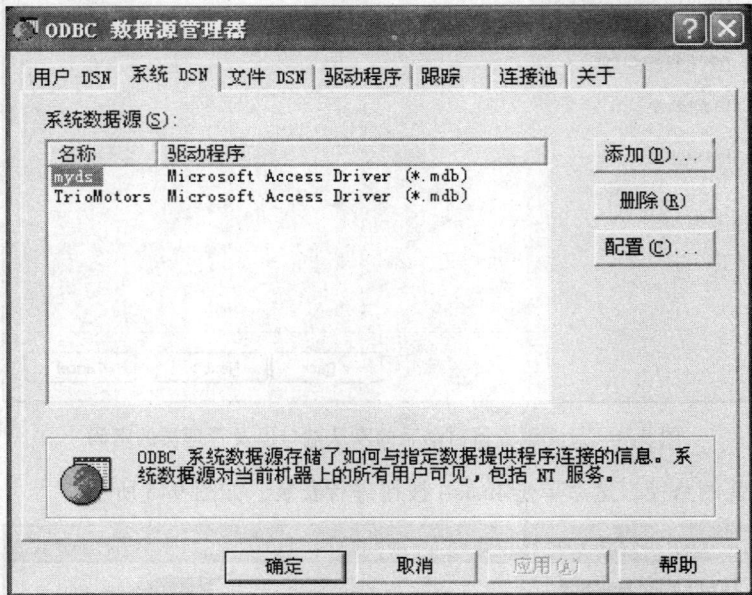

图 9-6　"ODBC 数据源管理器"对话框

选择"系统 DSN"选项卡，单击"添加"按钮，打开图 9-7 所示的对话框。

图 9-7　"创建新数据源"对话框

单击"完成"按钮后，安装 Access 数据库的数据源，如图 9-8 所示。

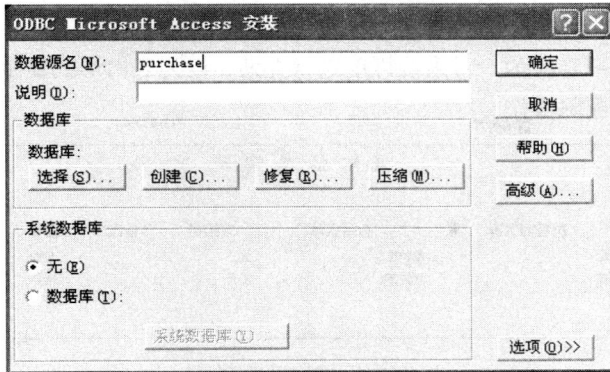

图 9-8　配置数据源

在"数据源名"文本框中输入 purchase，然后单击"选择"按钮，选择 Tomcat 安装路径/webapps/purchase 目录中的 purchaseDB.mdb 数据库，然后单击"确定"按钮，如图 9-9 所示。

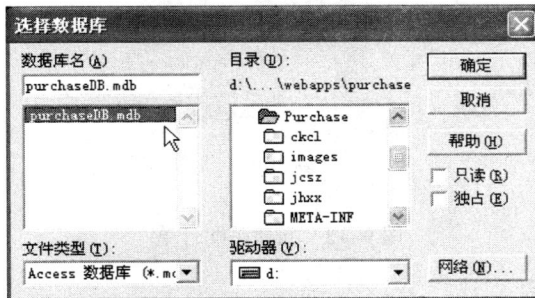

图 9-9　选择数据库

9.2　界 面 举 例

1．采购模块的主界面

采购模块的主界面如图 9-10 所示。

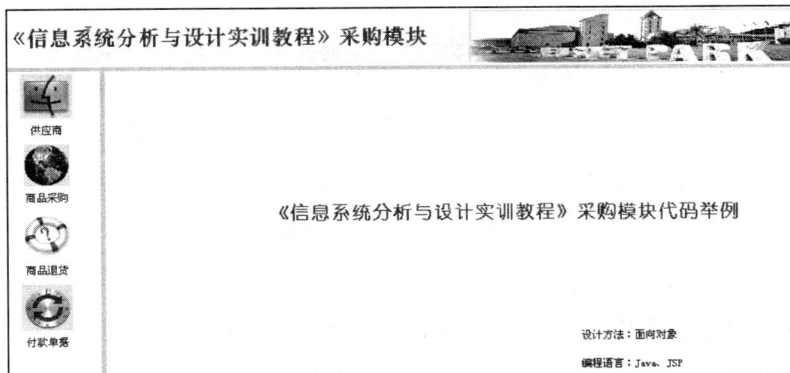

图 9-10　主界面

2．查询采购单

查询采购单如图 9-11 所示。对采购订单进行查询，以列表的形式显示，并可以对其中一条单据进行查看、修改和删除操作。

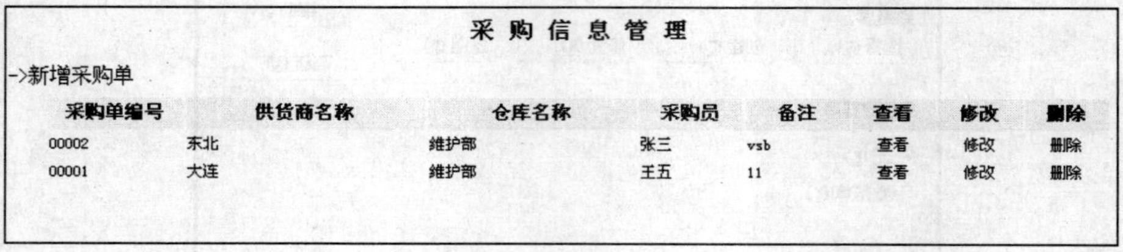

采 购 信 息 管 理

->新增采购单

采购单编号	供货商名称	仓库名称	采购员	备注	查看	修改	删除
00002	东北	维护部	张三	vsb	查看	修改	删除
00001	大连	维护部	王五	11	查看	修改	删除

图 9-11 查询采购订单

3．采购订单

创建一个新的采购订单单据，如图 9-12 所示。

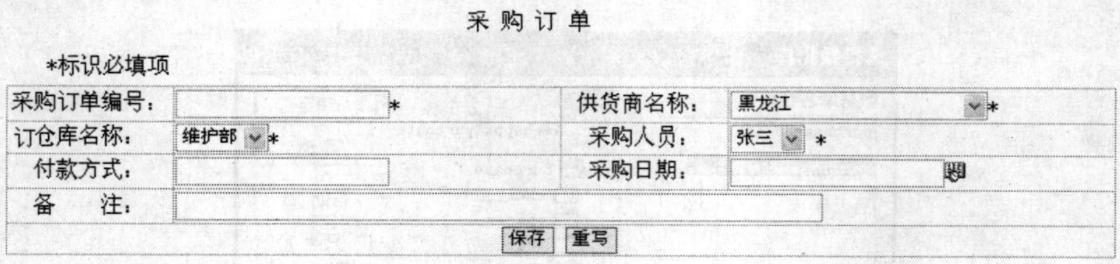

采 购 订 单

*标识必填项

采购订单编号：	_____ *	供货商名称：	黑龙江 ∨ *
订仓库名称：	维护部 ∨ *	采购人员：	张三 ∨ *
付款方式：	_____	采购日期：	_____
备 注：	_____		

保存 重写

图 9-12 新建采购订单

4．采购订单-添加商品

每个采购单据可以添加多项商品信息，如图 9-13 所示。

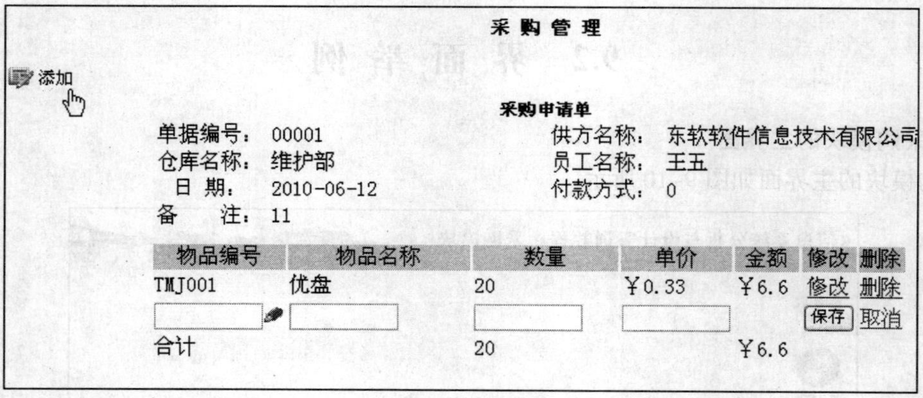

采 购 管 理

📝添加

采购申请单

单据编号： 00001 供方名称： 东软软件信息技术有限公司
仓库名称： 维护部 员工名称： 王五
日 期： 2010-06-12 付款方式： 0
备 注： 11

物品编号	物品名称	数量	单价	金额	修改	删除
TMJ001	优盘	20	￥0.33	￥6.6	修改	删除
____	____	____	____		保存	取消
合计		20		￥6.6		

图 9-13 修改采购订单

5．代码举例

这里列出数据库连接采用 JDBC-ODBC 桥的方式的代码如下：

```
try{
    //加载 JDBC 驱动程序
    Class.forName("sun.jdbc.odbc.JdbcOdbcDriver");
```

```
//取得到数据库连接，purchase 为数据源名
Connection conn =
DriverManager.getConnection("jdbc:odbc:purchase","","");
Statement st = conn.createStatement();
ResultSet rs = null;
rs = st.executeQuery("select * from order1");
while(rs.next()){
    System.out.print(rs.getString(1));
    System.out.print("\t");
    System.out.println(rs.getString(2));
    }
}catch(Exception e){
    System.out.println(e.toString());
}finally{
    rs.close();
    st.close();
conn.close();
}
```

第 5 篇　案例——库存业务面向对象系统分析与设计

本篇以案例的形式给出某超市库存子系统的分析、设计与实现过程。采用面向对象方法进行子系统的分析与设计，包括第 10～12 章的库存业务的用例图、活动图、顺序图、包图和类图，从静态和动态两类图对库存子系统进行全方位的分析与设计；第 12、13 章着重描述了系统的实现，主要对主界面、系统管理、出入库管理和盘点管理进行了实现。

第 10 章 —— 库存用例分析

库存管理包括用户登录、库存管理、业务查询和系统设置四大管理功能。通过供应商、仓库及客户三者之间信息的沟通与指令的有效传递,将制造商和供应商的库存成本与资金占有率降到最低限度。

仓库存放的货物品种繁多,堆存方式以及处理过程也非常复杂,随着业务量的增加,库存管理者需要处理的信息量会大幅上升,因此往往很难及时准确地掌握整个仓库的运作状态。针对这一情况,本系统在满足库存的基本管理功能基础上发挥信息系统的智能化,减轻库存管理人员的操作人员的工作负担。

系统主要的实现目标是监控整个仓库的运转情况;提供完善的任务计划功能,由整个操作的指令中心来安排进出任务,确认任务的开始,进货管理和出货管理按其指令执行即可;实时监控所有货物的在线运动情况,实时提供库存变化的信息。

10.1 需 求 分 析

需求分析主要包括如下内容。

10.1.1 用户基本业务流程

用户基本业务流程图如图 10-1 所示。

10.1.2 功能需求分析

一个功能完善的库存信息管理系统,必须包括以下几个模块。

1. 用户登录

由用户登录、用户注销、退出系统 3 部分组成。用户可以用两种身份登录本系统:普通操作员或经理(管理人员);不同身份登录被系统授予不同的使用权限,这样提高了本系统的安全性,避免了无关人员获取不在其权限范围内的信息。用户在登录后可以不退出本系统,而采用用户注销的方式使系统不存在激活状态下的用户。

2. 库存管理

库存管理系统中,包括仓库进货、仓库退货、仓库领料、仓库退料、商品调拨和库存盘点 6 个功能模块组成。库存管理系统是整个仓库处理系统的核心,是所有数据的来源。用户通过本系统的使用,可以使仓库的空间得以优化,减低无效和冗余的作业,使库存精度更准确,库存周转率提高及库存资金占用减少。"仓库进货——仓库领料——仓库盘点"组成了库存管理的重要过程。

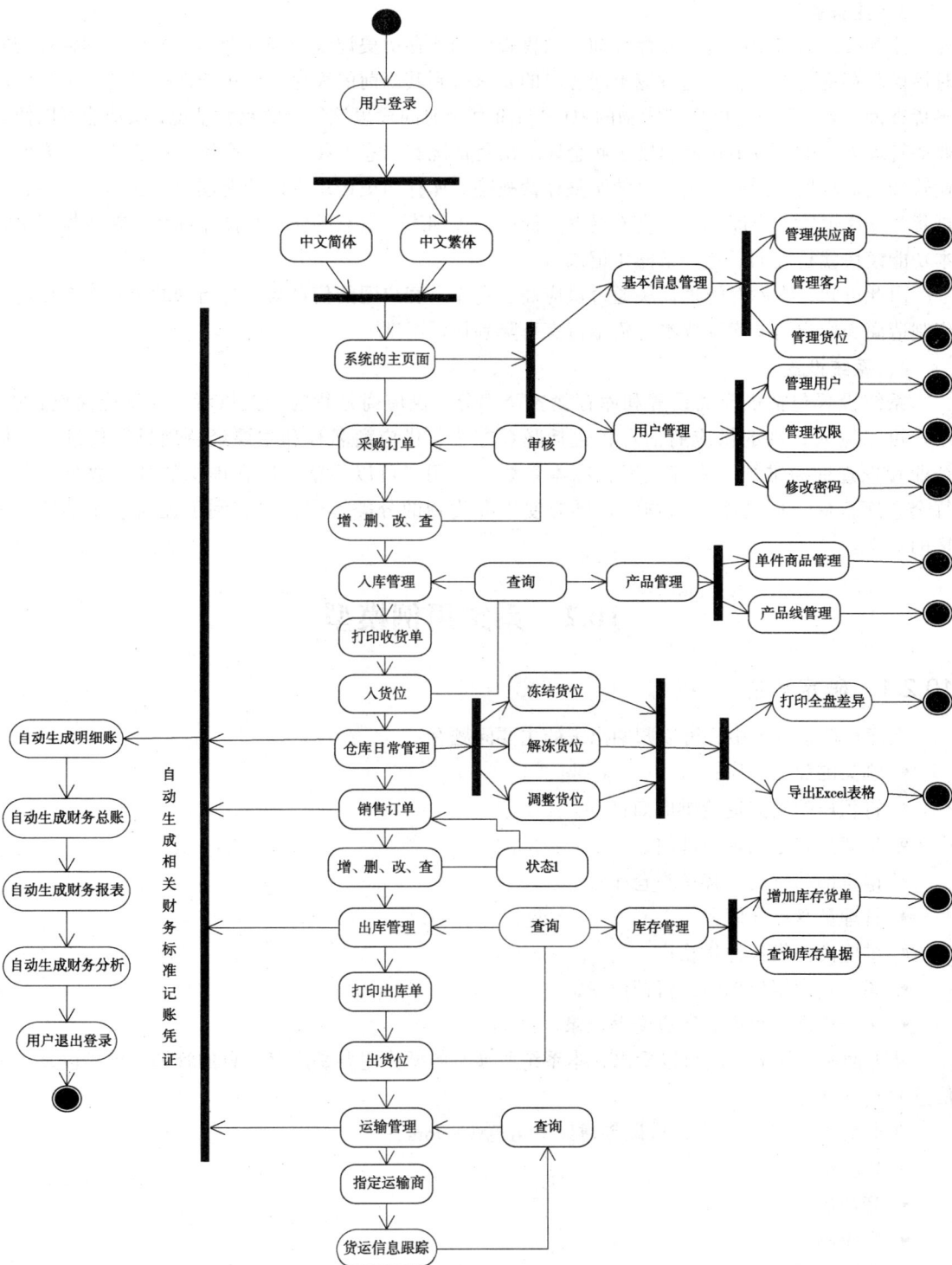

图 10-1 用户基本业务流程图

3. 业务查询

业务查询系统中，包括库存查询、销售查询和库存历史记录查询 3 个功能模块。库存查询实时提供库存变化的信息，随时应不同客户的要求得到其当前的库存。销售查询提供了一个完整的出货查询平台：用户可以根据货物的 ID 号查询某个时间段里该货物的销售情况，该功能可以使企业的管理人员能够以最快的速度了解仓库的出货情况和与仓库相配套的商场的销售情况，方便企业管理人员根据不同的情况及时的调整经营战略。库存历史记录查询功能模块：在本系统中仓库进货、仓库退货、仓库领料、仓库退料、商品调拨和库存盘点的任一个操作都存储在数据库中，本功能模块就是查询任意一条操作记录。

由此可知，本库存管理模块通过供应商、仓库及客户间的信息沟通与指令的及时有效传递，将制造商和供应商的库存成本与资金占有率降到最低限度。

4. 系统设置

系统设置包括供应商设置和库存设置两部分。供应商是货物的提供者，在供应商设置中：用户可以输入详细的供应商信息，包括联系方法、供应商名称和主要经营项目等信息，方便企业管理查询和维护。库存设置：在本系统中，用户可以将整个库存虚拟的分成数个库存，每个仓库存储不同类型的货物，这样方便库存货物的分类管理，也有利于提高仓库进货、出货的效率。

10.2　系统用例模型

10.2.1　确定角色

在库存信息系统中，可以归纳出来的主要问题有：

- 购买的商品入库；
- 将积压的商品退给供应商；
- 将商品移送到销售部门；
- 销售部门将商品移送到仓库；
- 管理员盘点仓库；
- 供应商提供各种货物；
- 用户查询销售部门的营销记录；
- 用户查询库存中的所有变动记录。

从上面所归纳的问题可以看出，本系统所涉及的操作主要是库存信息的管理、维护以及各种信息的分析查询。

在本系统 UML 建模中，可以创建以下角色（actors）：

- 操作员；
- 管理员；
- 供应商；
- 商品领料人；
- 商品退料人。

使用 RATIONAL Rose 的 Use Case View 中建立 actors，如图 10-2 所示。

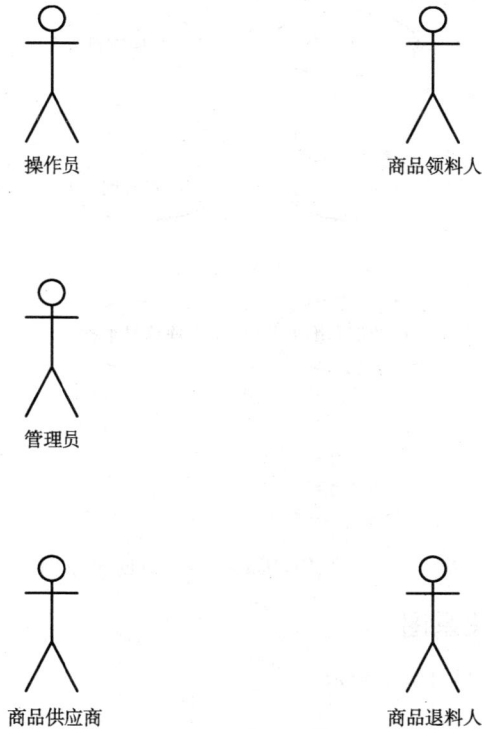

操作员　　　　　　　　　　　商品领料人

管理员

商品供应商　　　　　　　　　商品退料人

图 10-2　在 Use Case View 中创建角色

10.2.2　创建用例

库存信息系统根据业务流程可以分为以下几个用例（use cases）：

- 仓库进货；
- 仓库退货；
- 仓库领料；
- 仓库退料；
- 商品调拨；
- 库存盘点；
- 库存查询；
- 业务分析；
- 仓库历史记录查询；
- 供应商信息维护；
- 库存信息维护；
- 用户登录；
- 用户注销；
- 退出系统。

使用 Rational Rose 的 Use Case View 中建立用例（use cases），如图 10-3 所示。

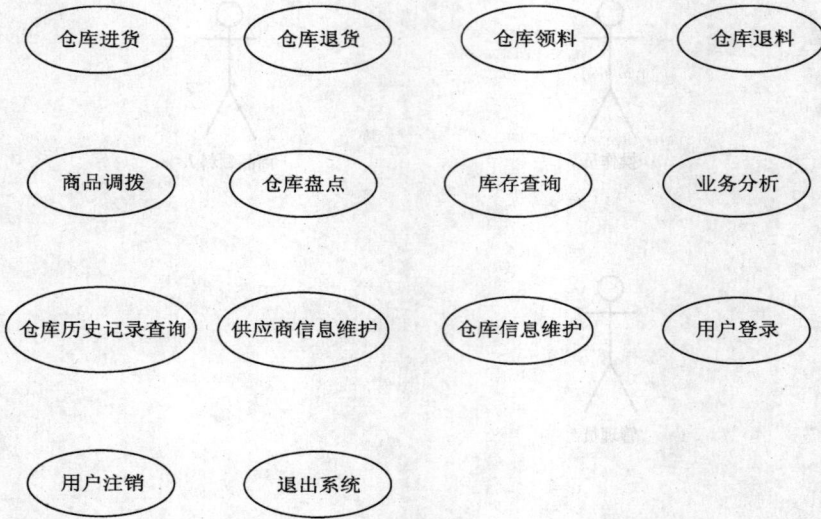

图 10-3 在 Use Case View 中创建用例

10.2.3 创建角色用例关系图

操作员的用例关系图如图 10-4 所示。

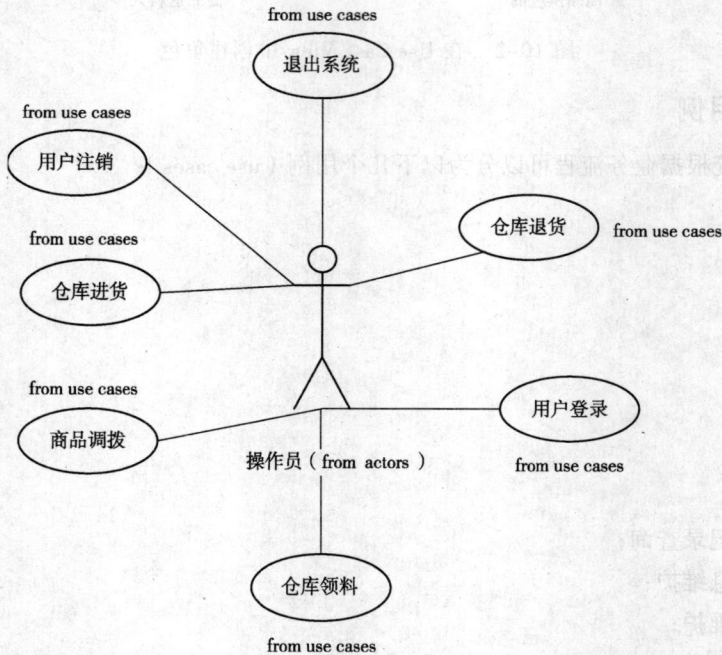

图 10-4 操作员的用例关系图

管理员的用例关系图如图 10-5 所示。

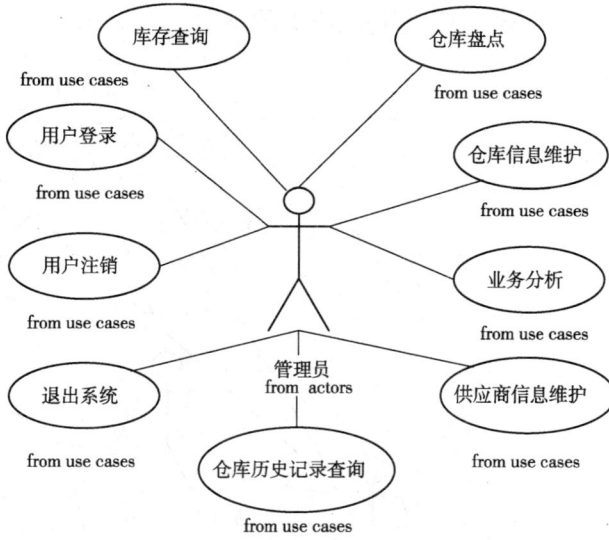

图 10-5   管理员的用例关系图

领料人的用例关系图如图 10-6 所示。

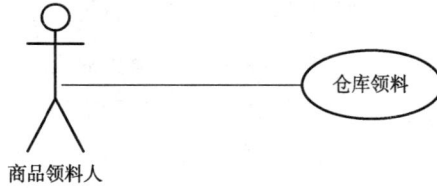

图 10-6   商品领料人的用例关系图

退料人的用例关系图如图 10-7 所示。

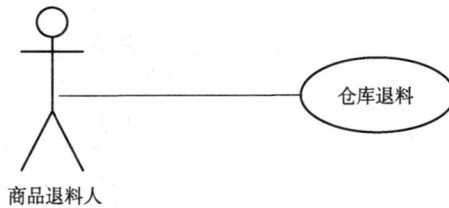

图 10-7   商品退料人的用例关系图

商品供应商的用例关系图如图 10-8 所示。

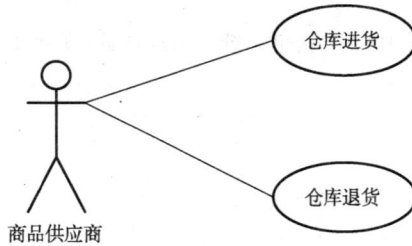

图 10-8   商品供应商的用例关系图

下面给出整个系统的用例关系图，如图 10-9 所示。

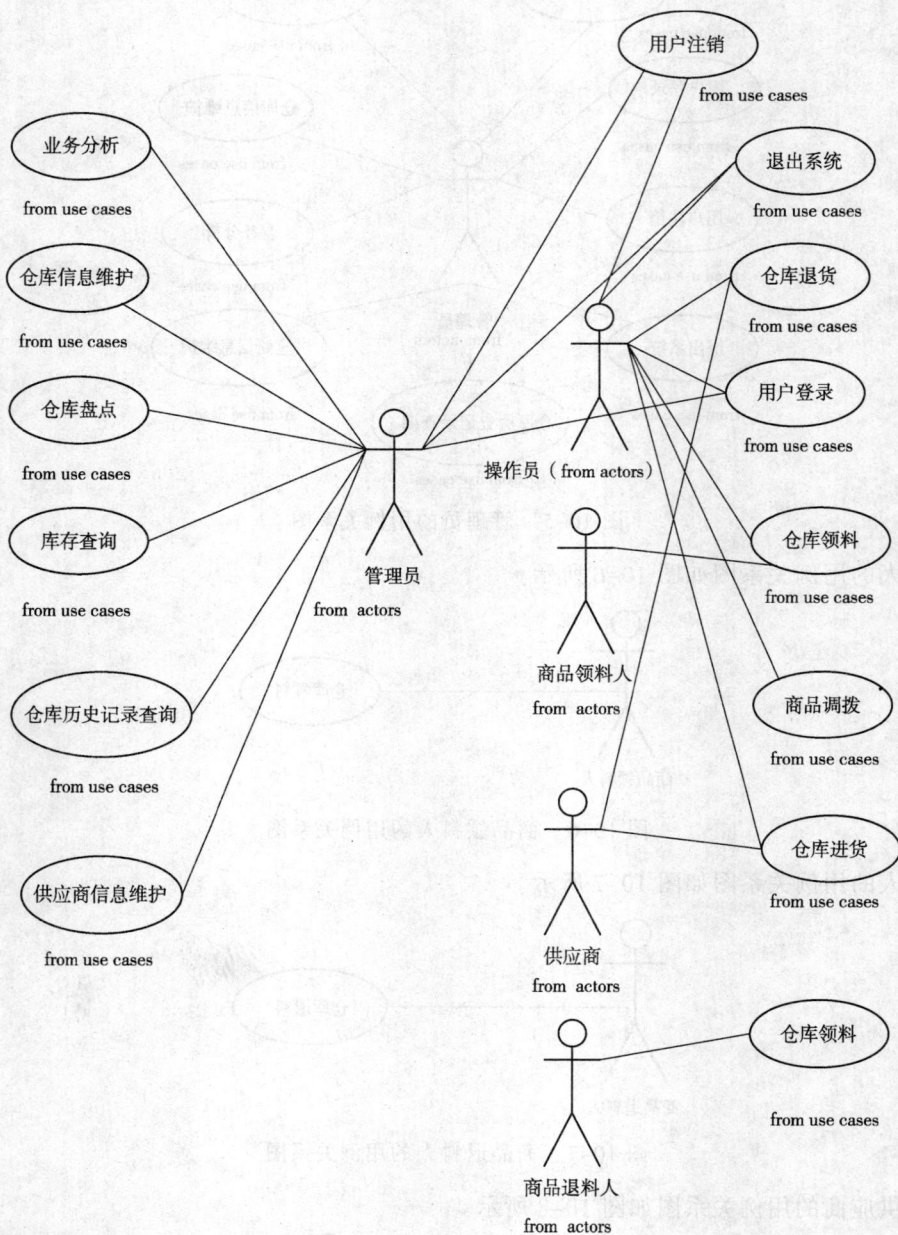

图 10-9　整个系统的 Use Cases 关系图

第 **11** 章 —— 系统动态模型与静态模型

11.1 系统动态模型

1. 活动图

如图 11-1 所示描述了一个活动图的例子。框图中的活动用圆角矩形表示，这是工作流期间发生的步骤。工作流影响的对象用方框表示。开始状态表示工作流开始，结束状态表示工作流结束，决策点用菱形表示。

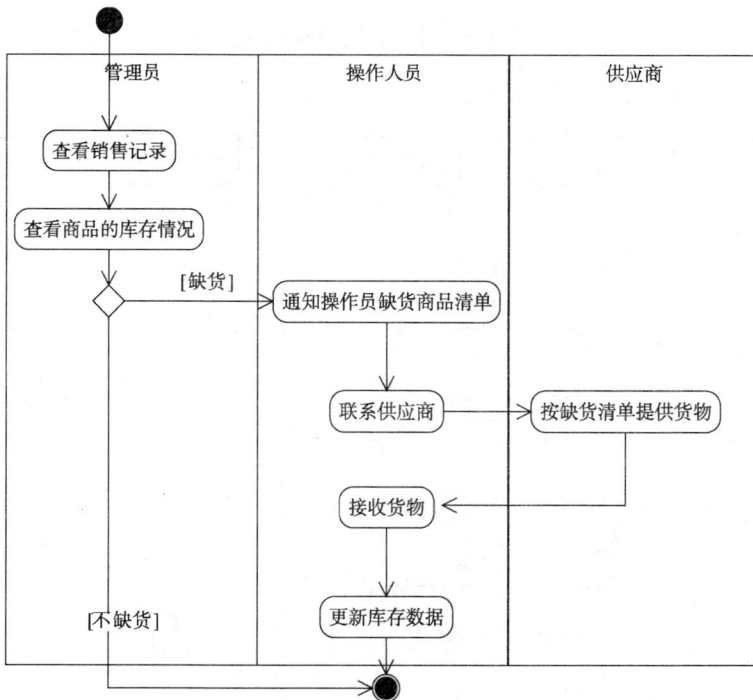

图 11-1 进货的活动图

在图中，管理员、操作员还有供应商三者发生了相互的关系。首先管理员查看销售记录判断商品销售状况，然后查看商品库存情况。如果发现仓库中商品库存充足则操作完毕，如果发现仓库中某商品库存出现不足，则通知操作员缺货商品清单，操作员领取清单后立即联系相应的供应商，供应商提供相应是商品，操作员接收货物，更新数据库，操作经过这样的可视化建模可以比较清楚地知道整个进货过程的业务流程。

2．顺序图

顺序图的用途是用来表示用例中行为的时间顺序。当执行一个用例行为时，顺序图中的每条消息对应一个类操作或状态机中引起转换的触发事件。

① 管理员盘点过程顺序图如图 11-2 所示。

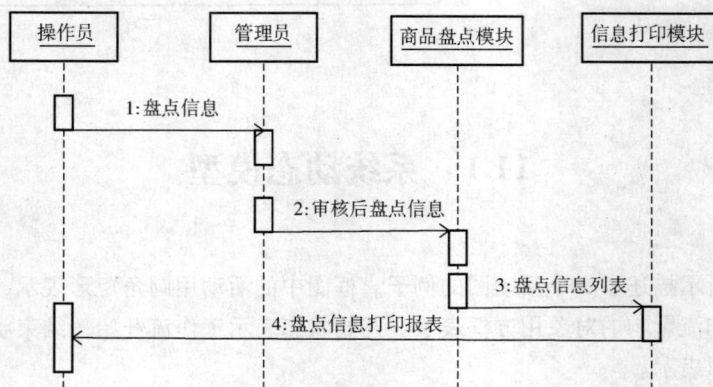

图 11-2　库存盘点过程顺序图

② 商品管理顺序图如图 11-3 所示。

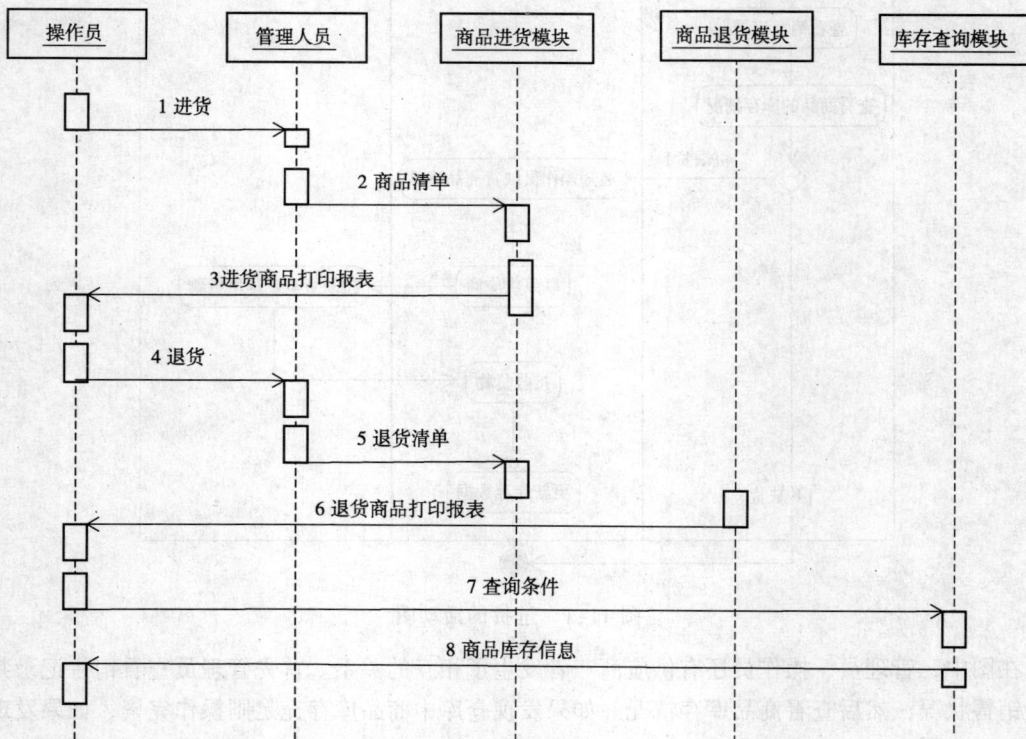

图 11-3　商品管理顺序图

③ 库存历史记录查询顺序图如图 11-4 所示。

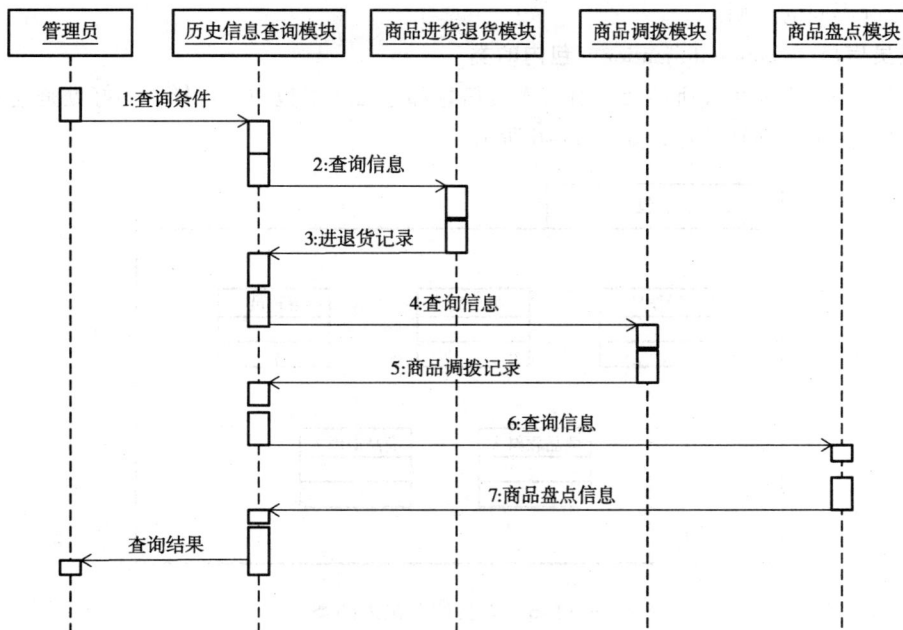

图 11-4　库存历史记录查询顺序图

11.2　系统静态模型

11.2.1　创建系统包图

1. 库存管理系统包图

在定义具体的类之前，先在宏观的角度上将整个系统分割成多个独立的包。在这里把整个库存管理系统分成的包如图 11-5 所示。

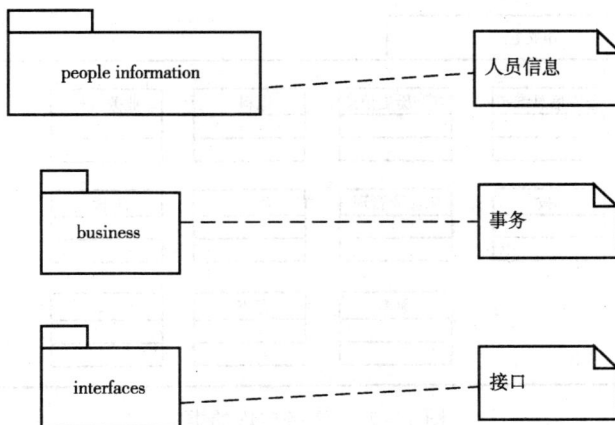

图 11-5　系统包图

整个系统可以看成人员信息（peopleinformation）、事务（business）和接口（interfaces）3 部分，分别控制不同的应用。

2．人员信息（peopleinformation）包内的类

在这里，库存管理系统所涉及的所有人员信息都包括在本包中，这样做的好处是仓库再添加新的人员时不会影响到别的包，如图 11-6 所示。

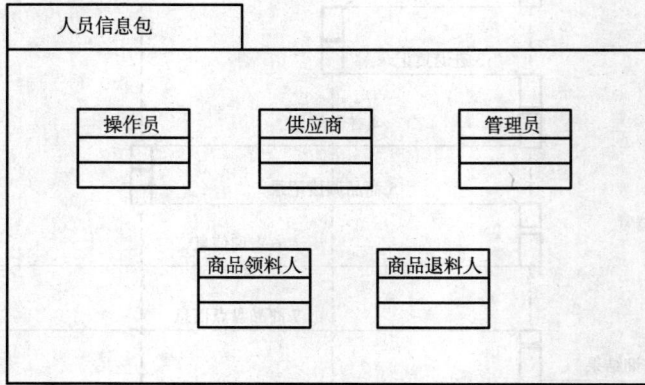

图 11-6 人员信息包内的类

在人员信息包内，有以下 5 部分内容：

- 操作员；
- 供应商；
- 管理员；
- 商品领料人；
- 商品退料人。

3．事务（business）包内的类

库存所有的事务都包含在本包中，如果库存管理过程中需要增加某事务，那么只需要在本包中添加相应的类即可，如图 11-7 所示。

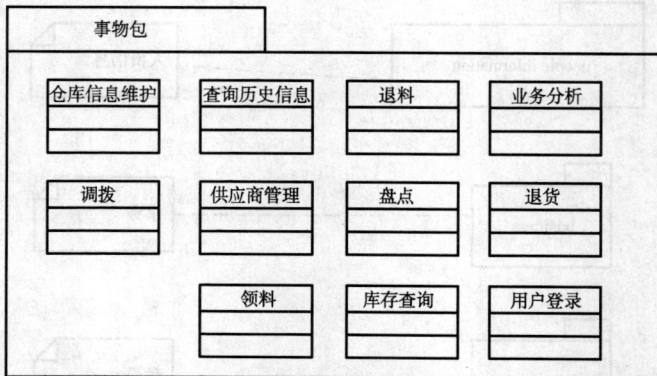

图 11-7 事务包内的类

4．接口（interfaces）包内的类

接口（interfaces）包内包括了所有的用户接口类，这样，当用户需要更改某界面或者是需要添加界面时就可以在本包中完成，如图 11-8 所示。

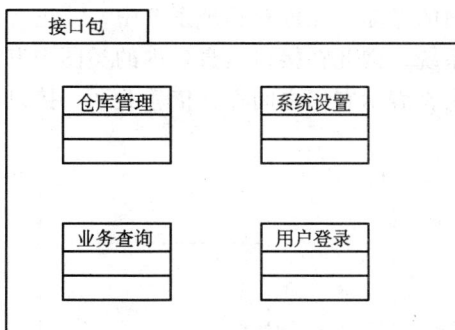

图 11-8 接口包内类

在接口包内，有以下 4 部分内容：

- 库存管理；
- 系统设置；
- 业务查询；
- 用户登录。

11.2.2 系统类模型

1．人员信息包内的类图

因为操作员的操作往往都是来自管理员的指令，可以理解成操作员的操作依赖于管理员，因此从操作员到管理员的虚线箭头，表示两者之间的依赖关系。除此之外，人员间没有明显的关系。人员信息包内的类图如图 11-9 所示。

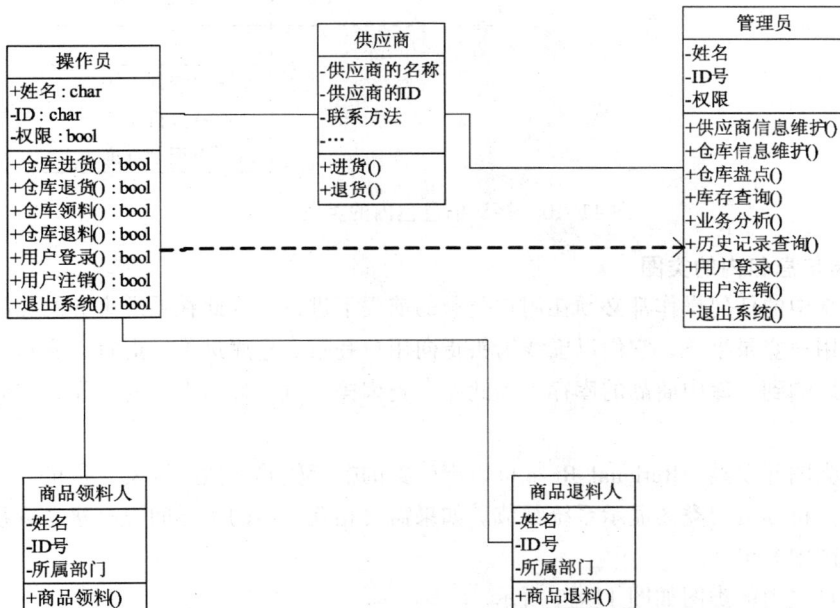

图 11-9 人员信息包内的类图

2．接口信息包内的类图

出于企业数据安全性方面的考虑，在库存管理系统中，要进行库存管理、系统设置和业务查询的操作都必须事先登录系统，因此在接口信息包内的类图中有由库存管理、系统设置、业务查询到用户登录的虚线箭头，表示它们之间存在依赖关系。接口信息包内的类图如图 11-10 所示。

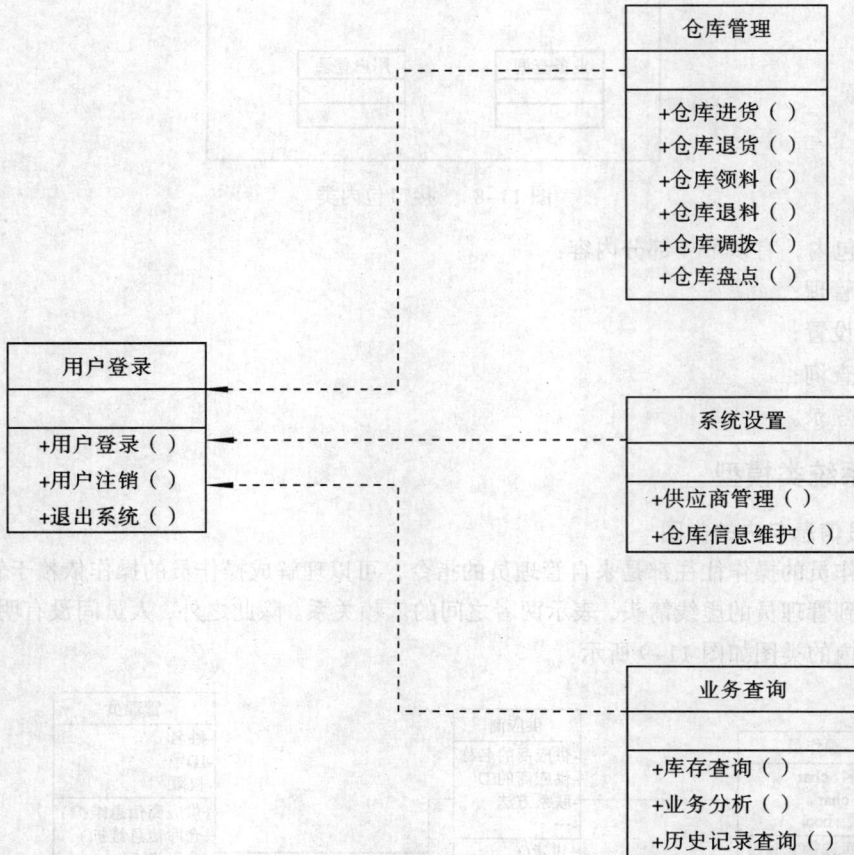

图 11-10　接口信息包内的类图

3．系统事务信息包内的类图

库存管理系统中的任何操作都必须在用户登录的前提下进行，因此在系统事务的类图中，所有事务都依赖于用户登录事务，它们以虚线箭头指向用户登录。仓库进货、退货、领料、退料、调拨和盘点都会影响到仓库中商品的库存，因此库存查询操作就依赖与上述的操作，它们之间也用虚线箭头相连。

开发人员用类图开发类。Rational Rose 可以产生类的框架代码，然后开发人员可以用所选语言来填充细节。分析人员用类图显示系统细节。如果需要相互通信的类之间没有建立联系，则可以马上在系统类图中看出。

系统事务信息包内的类图如图 11-11 所示。

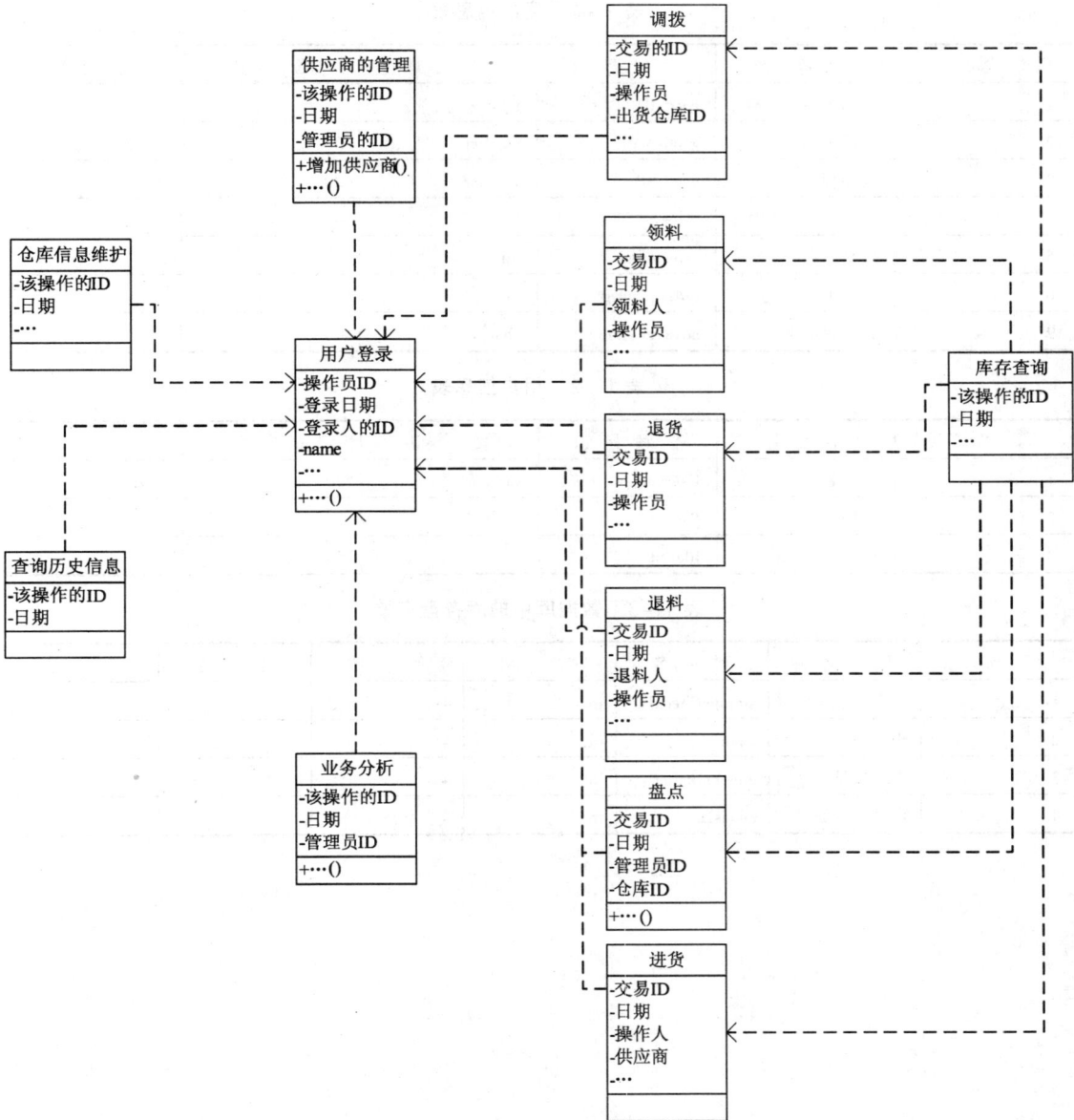

图 11-11　系统事务信息包内的类图

11.2.3　数据库设计

通过分析各个包中的类以及类之间关系，找到一些实体类或提炼出需要存入数据库的信息集，它们一般与数据库中的字段信息对应。商品信息表、用户信息表和数据库的中库存盘点单如表 11-1～表 11-3 所示。

表 11-1　商品信息表

No.	字 段 名	字 段 标 识	类 型	位 数	主 键
1	商品编号	goodsID	int	4	▲
2	商品名称	goodsNA	varchar	30	
3	商品规格	goodsSP	varchar	20	
4	价格	price	int	4	
5	安全库存	safestorage	int	4	
6	订货批量	orderquantity	int	4	
7	订货提前期	advanceTime	char	10	

表 11-2　用户信息表

No.	字 段 名	字 段 标 识	类 型	位 数	主 键
1	用户名	Username	varchar	20	▲
2	密码	Password	varchar	20	
3	权限	Identity	varchar	50	

表 11-3　数据库中的库存盘点单

No.	项 目 名 称	列 名	类 型	位 数	主 键	备 注
1	库存盘点单编号	storageCheckID	int	4	○	
2	现有数量	amount	int	4		
3	盘点数量	checknumber	int	4		
4	商品信息编号	goodsID	int	4		

第 **12** 章 ——— 主界面与系统管理的实现

12.1 主界面的实现

在设计系统主界面即进销存页面时遵循了系统界面设计的原则，力求使页面更美观、更友好，并具有更方便的导航性，如图 12-1 所示。

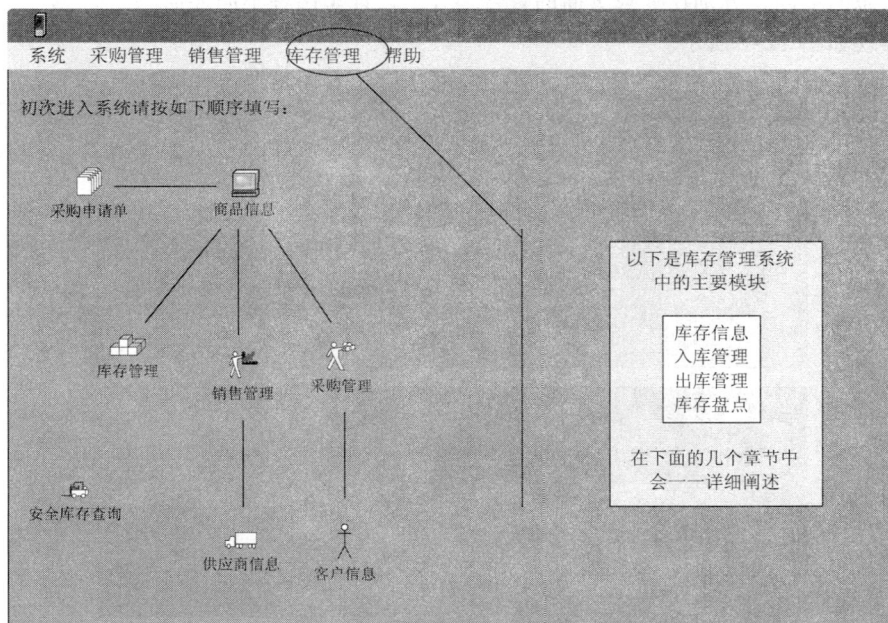

图 12-1 系统主界面效果图

当企业库存部门的负责人员以自己拥有的权限进入系统后，系统就会显示图 12-1 所示的界面。虽然系统的主界面包括采购管理、销售管理和库存管理 3 个部门，但对于仓管员的权限设置来说，仓管员只能进入库存管理模块和系统管理的库存系统的相应操作。

图 12-1 的左侧图画会给初次进入系统的操作人员起到提示的作用。每一个图标都有提示作用，单击后都会有相关的提示。单击"库存管理"图标的编码实现如下：

```
Private Sub Image3_Click()
    MsgBox "请选择菜单栏中相应选项！",vbOKOnly+vbExclamation,"警告"
End Sub
```

12.2 系统管理模块实现

1. 登录操作的实现

登录包括 3 种情形，一是在登录界面中分别填入正确的用户名 txtUserName 和密码信息 txtPassword，单击"确定"按钮即可顺利地转入系统主界面。

相关的核心代码：（定义部分省略）

```
txtSQL="select*from uInfo where username='"&txtUserName.Text&"'"
//从用户表中查找是否存在输入的用户名
...
If Trim(mrc.Fields(1))=Trim(txtPassword.Text)
// 从用户表中查找如果存在该用户名密码是否正确
...
```

如果用户名或密码信息任何一项不符合要求，系统都会弹出警告框给出相应的提示。因此，根据登录状态的不同，分别在登录页面的警告设计上设计了两种不同界面。

页面实现如图 12-2 所示。

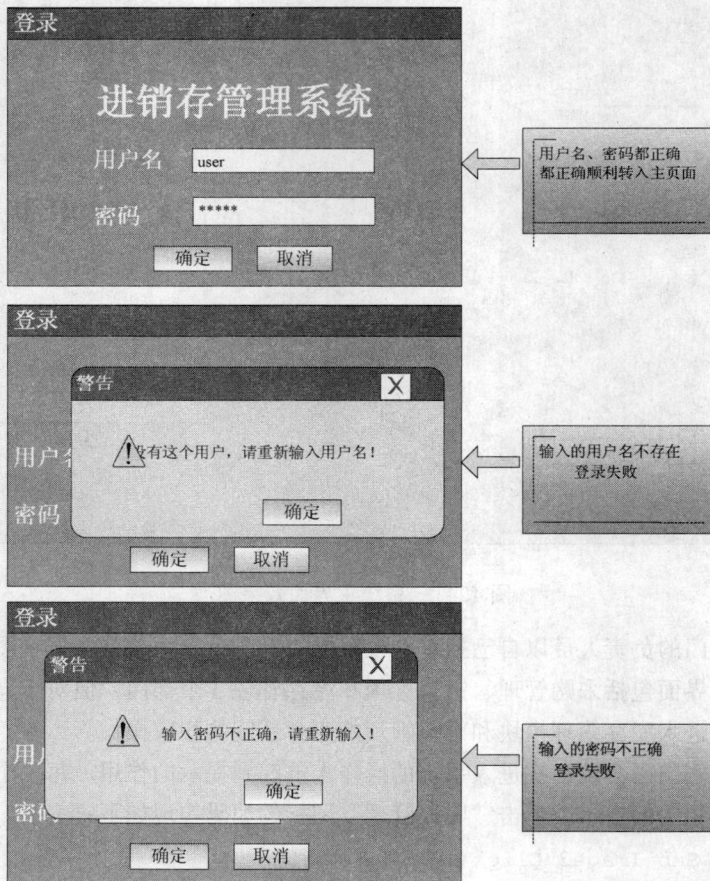

图 12-2 系统登录的 3 种状态

2．修改密码操作的实现

当仓管员以正确的登录口令进入到界面后，单击系统模块下的修改密码按钮，即可开始修改密码的操作。这一功能主要是先将 uInfo 表中的对应记录读出，再存入 uInfo 中。

```
SQLa="Update uInfo set password='" & Text2.Text & "' where password='" &
Text1.Text & "'"
Set mrc = cnn.Execute(SQLa)
```

详见图 12-3。

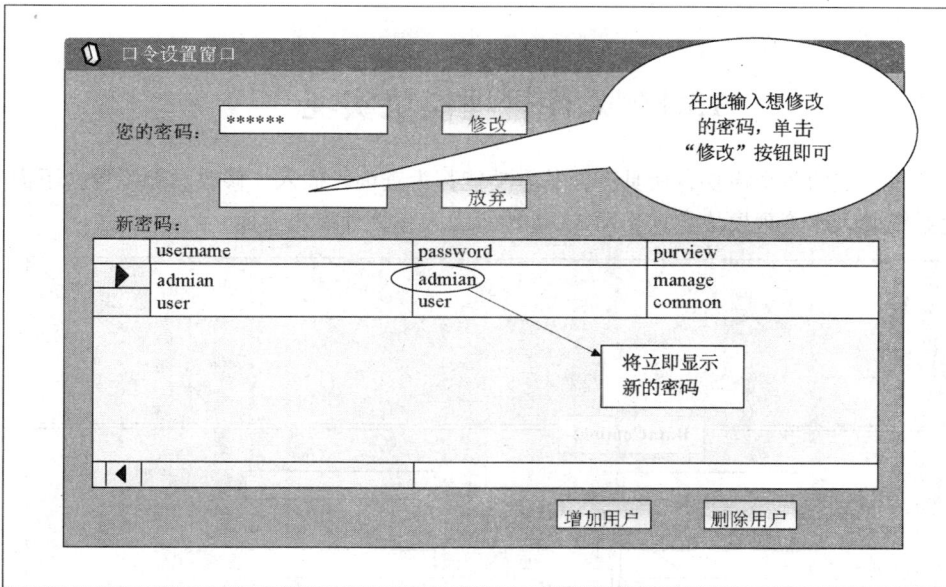

图 12-3　修改密码的实现

第 13 章 出入库管理与库存盘点模块实现

13.1 入库管理模块实现

库存管理子系统的各个模块，所具有的基本功能都为查询、插入、修改、删除等。下面先介绍库存管理系统的入库管理模块实现。图 13-1 所示为入库管理模块界面。

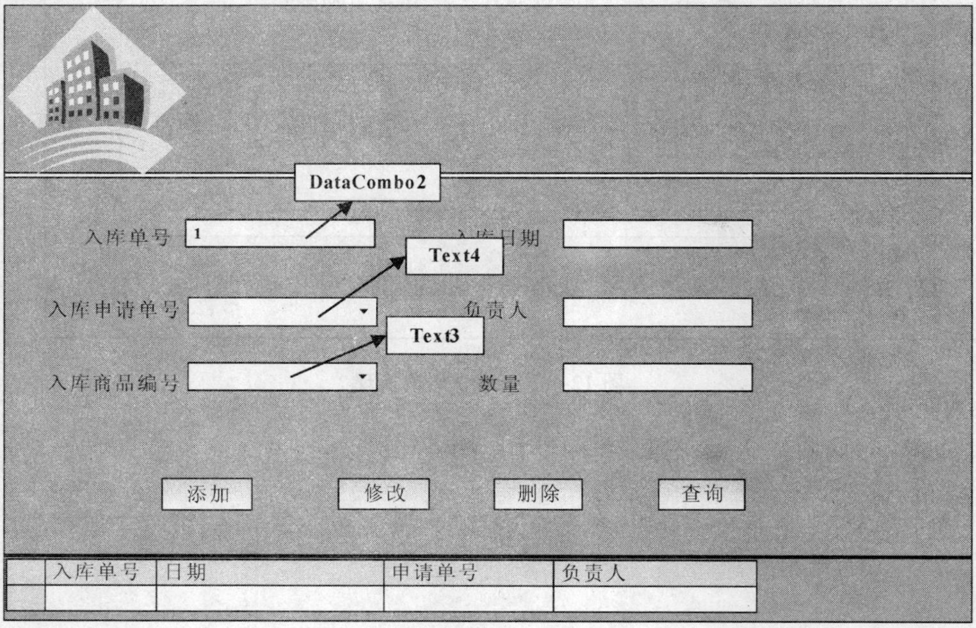

图 13-1 入库管理模块界面

入库管理模块的相关表：

入库单	instorageBill
商品信息	goodsInfo
入库申请单	instorageApplyBill

1. 入库管理模块的添加功能

将入库商品信息添加到入库管理模块中。当商品入库时，仓管员需要在入库管理模块中进行入库处理。系统会自动生成入库单号，操作人员应按实际的信息选择入库申请单号和入库商品编号，按实际的情况填写入库日期、负责人和货物数量。填写完成后，单击"添加"按钮，如输入格式完全正确，系统会自动弹出"添加成功"的提示，如图 13-2 所示。

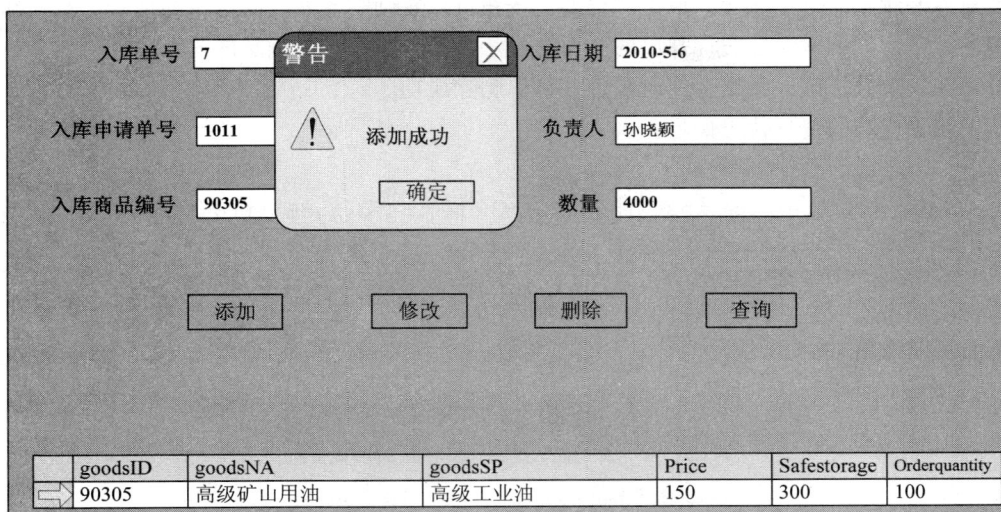

图 13-2 入库信息添加成功

添加功能具体代码实现如下：

```
cnn.Open ConnectString
//使用 Connection 对象的 Open 方法连接数据库
SQLb="select*from instorageBill where instorageBillID='" & Text1.Text &
"'"
//从入库单中取入库单编号为 Text1 的全部信息
SQLc="select * from inStorageApplicBill where instorageAppID='" & DataCombo2.
Text & "'"
//从入库申请单中取入库申请单编号为 DataCombo2 的全部信息
SQLa=" Insert Into instorageBill ( instorageBillID, instorageAppID,
instoragegoodsID, date, functionary ) Values ( '" & DataCombo2.Text & "' ,
' " & Text4.Text & " ', '" & Text3. Text & "' ) "
Set mrc=cnn.Execute(SQLa)
```

2. 入库管理模块的修改功能

确定入库单号，再添入需要修改的商品信息，单击"修改"按钮，即修改成功，如图 13-3 所示。如果输入了不存在的入库单号，系统会自动弹出不成功警告，如图 13-4 所示。

图 13-3 入库单信息修改成功　　　图 13-4 入库单信息修改失败警告

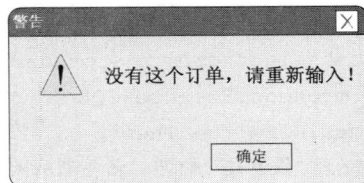

121

3. 入库管理模块的删除功能

填写需要删除的订单编号，单击"查询"按钮可以看到需要修改的订单的现状。输入确认的订单编号，单击"删除"按钮，弹出的页面会提示操作者输入需要删除的入库单号。如果输入的入库单存在，单号正确，系统会弹出警告：订单删除成功。

其中删除成功的部分代码如下：

```
…
SQLa="Delete From instorageBill Where instorageBillID='"&Text1.Text& "'"
Set mrc=cnn.Execute(SQLa)
MsgBox "订单删除成功！", vbOKOnly + vbExclamation, "警告"
D.Hide…
```

页面实现如图 13-5 所示。

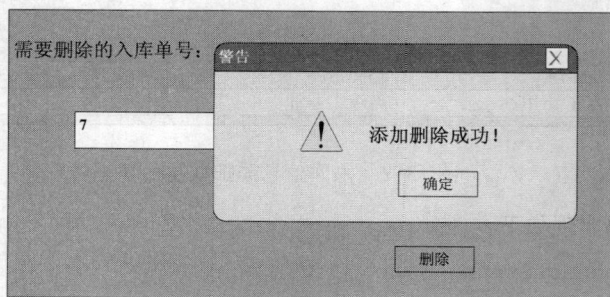

图 13-5 入库单删除成功页面

如果此入库单已经被删除，系统会提出警告，如图 13-6 所示。

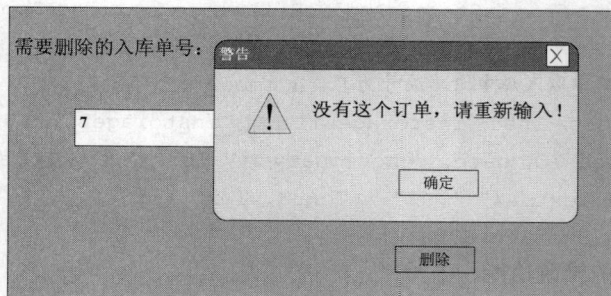

图 13-6 入库单删除不成功页面

删除不成功主要代码实现如下：（定义部分省略）

```
SQLb="select*from instorageBill where instorageBillID='"&Text1.Text& "'"
Set mrc=cnn.Execute(SQLb)
If mrc.EOF=True Then
MsgBox "没有这个订单，请重新输入！", vbOKOnly + vbExclamation, "警告"
Text1.SetFocus…
```

4．入库管理模块的查询功能

在入库单号一栏中，输入要查询入库单号。系统从数据库的 instorageBill（入库单）中获得查询结果。

数据库表主要的内容包括：instorageBillID（入库单号）、date（日期）、instorageAppID（申请单号）、functionary（负责人）。

13.2　出库管理模块实现

在出库管理模块的查询、添加、修改、删除 4 项功能中，下面着重介绍一下添加功能。

出库管理模块的添加功能：只有销售部门有提货需要，并且在系统中完成单据确认，生成出货单号后，仓管员才可以在出库管理模块中操作完成出库提货处理。图 13-7 所示为添加成功的出库情况。

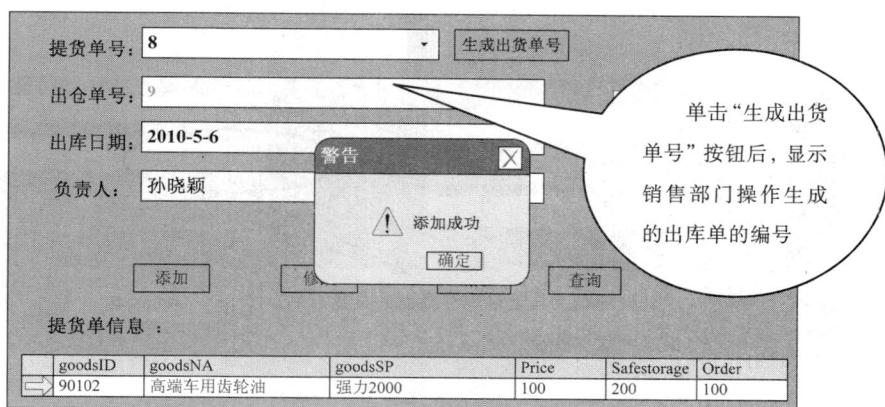

图 13-7　添加出库处理成功页面

系统会自动备份操作信息到表名为 outstorageBill 的数据库中。假使仓管员因为一时大意输入了已经被提走的库存商品的提货单号，系统会自动弹出提示警告"库存中没有该货物！"，如图 13-8 所示。

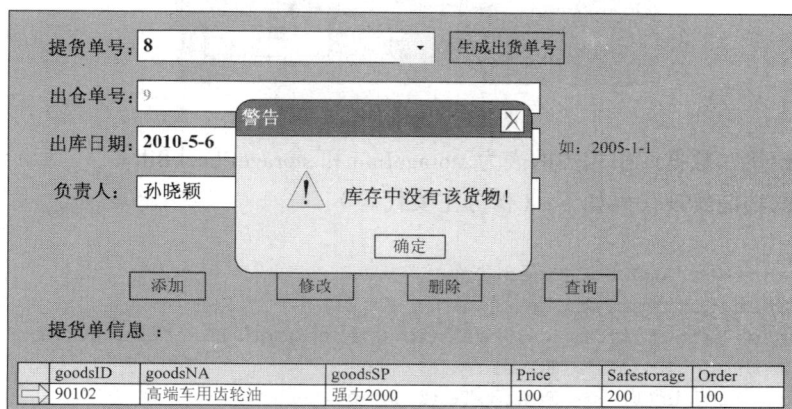

图 13-8　添加出库处理不成功页面

13.3　库存盘点模块实现

打开库存盘点模块，系统自动生成库存盘点编号。按实际发生输入盘点日期、负责人、商品编号、盘点数量，如图 13-9 所示。

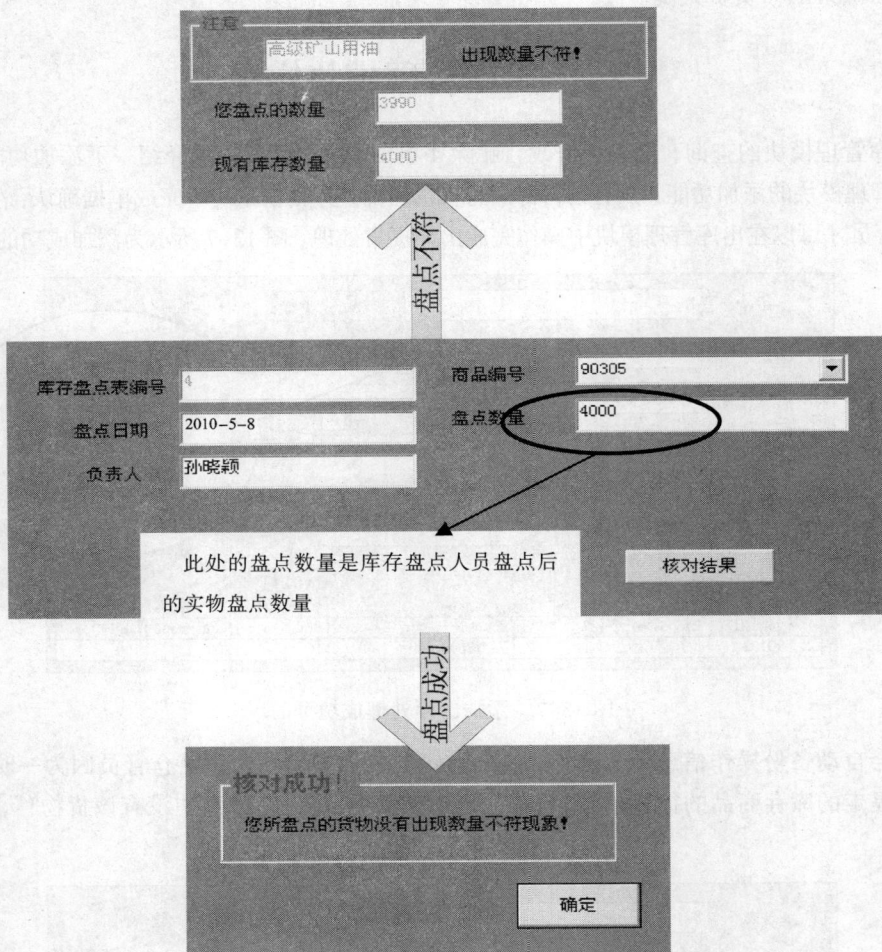

图 13-9　盘点结果反馈

库存盘点模块在数据库中相关的表为 storageInfo 和 storageCheckBill。

盘点不符的功能实现代码如下：（部分主要代码）

```
…
Set cnn=New ADODB.Connection
cnn.Open ConnectString
SQLb="select * from storageInfo where goodsID='"&DataCombo1.Text & "'"
Set mrc=cnn.Execute(SQLb)
If mrc.Fields(1) <> Text3.Text Then
Form6.Show
…
```

第6篇　实验指导

本部分依据某超市进销存系统的实际背景，按照结构化与面向对象两种系统分析与设计方法，将整个系统的开发过程划分为17个实验，并详细说明了每个实验的目的、内容与要求，为整个超市进销存系统开发过程中各阶段的实施提供了明确的指导。

第 14 章 —— 某超市进销存业务背景材料

某超市经营概况是：营业面积 1 000 m²，总经理以下设总经理办公室、采购部门、销售部门、库存部门、财务部门、超市店面部门、公关部门和劳资人事部门等多个部门。

该超市目前存在着库存大、费用高、信息滞后等诸多问题，直接影响运营效率和经营效益，领导已经意识到必须冲破传统、落后、封闭的人工管理模式，走商业自动化之路。

在整个 MIS 研发过程中，把握进、销、存（进货、销售、存储）管理又是重中之重。这些环节是该企业经营管理中的核心环节，也是能否取得效益的关键。它们对外直接关系到为顾客服务的水平与合作关系，以及公司的整体形象，对内则影响到企业的经营成果、员工的切身利益。下面就是该超市企业目前的进、销、存业务简介。

1．采购业务

超市采购管理主要是对库存部门制订的采购申请单展开的一系列采购活动。通过对采购流程中各单据的处理，将商业超市采购管理的各个环节有机地统一联系起来，实现和库存部门的信息共享，提高工作效率，降低采购成本，增强企业盈利能力。

（1）库存部门根据需求填写采购申请（计划）单，采购部门相关的人员根据采购申请单提出的需求，查阅供应商信息和商品信息，编制采购订单。

（2）采购订单编制后报经审核人进行审核，审核未合格的订单需要重新编制，合格的采购订单则需要交付给选定的供应商和财务部门。

（3）采购部门根据合格的采购订单，编制采购付款申请单并将采购付款申请单提交给财务部门。

（4）当采购的产品到货后，供应商需出具送货单，采购部门人员要根据采购订单和送货单对到货产品进行验收。

（5）如果到货商品验收合格，则制订采购入库申请单，提交给库存部门。如果验收不合格，则制订采购退货单，交付给供应商。

（6）采购部门根据采购退货单制订相应的采购退货收款申请单，并将其提交给财务部门。

（7）采购部门对采购订单、采购商品和采购退货情况进行统计，并将采购订单汇总信息、采购商品汇总信息和采购退货汇总信息上报给经理，以便进行业绩分析。

以下是采购管理业务中所使用的报表、单据及信息档案：采购订单、采购付款申请单、采购入库申请单、采购退货单和采购退货收款申请单。

2．库存业务

库存管理主要包括因采购和销售引起的出入库管理和定期盘点统计等一系列活动。包括出入库管理、盘点管理、统计分析（包括成本核算）、补充订货处理，等等。通过全过程的计划、组织、协调和控制，可以达到提高库存控制精度、降低库存量、跟踪商品流向、提高客服水平、降低经营成本、保证生产经营活动顺利进行的目的。

（1）采购员填制采购入库申请单，办理采购入库，并生成入库单，交由具体人员办理，将相关的信息记录、审核、存档，并将入库单提交给财务部门。

（2）销售部核定订货单无误，可填制销售出库申请单，办理销售出库，并生成出库单，交由具体人员办理，将相关的信息记录、审核、存档，并将出库单提交给财务部门。

（3）以出库单、入库单为依据，将出入库情况计入库存台账，以备日后查询统计。

（4）定期对库存台账进行统计分析等，将生成的报告提交给经理，供超市科学管理及运营决策。

（5）本超市除了账账核对外，还要进行账实核对，这种盘点主要检查账存与实存是否相符，将盘点清单提交给财务部门，并将情况汇报给经理，根据盈亏情况纠察相应原因，进行相关处理，等等。

（6）库存管理部门还必须时常了解不同商品的库存情况，通过对库存台账的监控，配合一定的补充订货方法，在适当的时候提出合理的补充订货要求，以采购申请单的形式提交给采购部门。

以下是库存管理业务中所使用的报表、单据及信息档案：采购入库申请单、销售出库申请单、采购入库单、销售出库单、库存台账、统计报表、库存分析报告、盘点清单和采购申请单。

3．销售业务

销售管理主要是对客户的需求订单展开的一系列的销售活动。通过对销售流程中各单据的处理，将商业超市销售管理的各个环节有机地联系起来，实现信息共享，提高工作效率，降低销售成本，增强企业盈利能力。

（1）客户根据需求填写订单，相关的销售员审核订单，如果大客户的订单不符合要求，则返回客户重新填写。

（2）如果订单审核通过后，销售人员还要根据客户订单和商品信息以及对其合适售价的选择，制订销售合同，然后经理对销售合同进行审核，审核通过后再将其存档，并可以随时对销售合同进行查询。

（3）销售管理人员根据合格订单将客户基本信息及时登记在客户档案，并根据客户信息的变动情况及时更新处理客户档案；根据客户档案可查询统计所需客户的信息，查询统计的结果可以生成客户报表，供经理查阅。

（4）通过对销售合同的统计，生成合同统计表。

（5）生效的销售合同生成相应的销售出库申请单，转向库存部门，并进行申请出库。

（6）由销售出库申请单生成对应的销售收款单，从而通知财务部门进行收款账务处理。

（7）通过对销售合同和超市的前台 POS 销售明细进行汇总统计，生成相应的销售报表和反应企业一段时间内销售情况的利润表。

（8）经理根据生成的报表及时地了解和分析公司的销售情况和盈利情况，从而控制和调整销售管理的各个环节。

以下是销售管理业务中所使用的报表、单据及信息档案：销售合同、销售出库申请单、销售收款申请单、合同统计表、销售报表、利润表、客户档案和销售部人员档案。

该企业作为一个正在发展壮大的超市企业，希望能建立起一套网络化、现代化、高效运转的计算机管理信息系统，来提高工作效率、优化业务管理、降低经营成本、减少商品丢失，等等。同时，通过系统的应用，使管理者能更迅速准确地针对市场变化做出商业的应变策略，从而在激烈的竞争中不断地创造出更多的经济效益，以立于不败之地。

本例中所使用的报表、单据及信息档案如表 14-1～表 14-15 所示。

表 14-1 采购订单

日期：　　年　月　日　　　　　　　　　　　　　　　　　　　　　　　订单编号：

供应商：

商品编号	商品名称	规格型号	计量单位	采购数量	采购单价	采购金额
金　额　合　计						
备　注						

制单人：　　　　　　　　　　　　　　　　　　　　　　　　　审核人：

表 14-2 采购付款申请单

付款日期：　　　　　　　　　　　　　　　　　　　　　　　　编号：

采购订单编号			
供应商	名　称		
	开户行		账　号
付款方式		付款金额	
备　注			

制单人：　　　　　　　　　　　　　　　审核人：

表 14-3 采购入库申请单

申请日期：　　年　月　日　　　　　　　　　　　　　　　　　　　编号：

供应商名称：

商品编号	商品名称	规格型号	计量单位	入库数量	采购单价	采购金额
合　　　计						
备　注						

申请制单人：　　　　　　　　　　　　　　　　　　　　　　　　审核人：

表 14-4 采购退货单

退货单编号			退货日期				
供应商编号			供应商名称				
商品编号	商品名称	数　量		采购价格		金　额	退货原因

表 14-5 采购退货收款申请单

申请日期：　　　　　　　　　　　　　　　　　　　　　　　　　编号：

采购退货单编号				
供应商	名　称			
	开户行		账　号	
收款方式			收款金额	
备　注				

制单人：　　　　　　　　　　　　　　　　　　　　　　　　　审核人：

表 14-6 采购申请单

采购申请单编号					
申请日期					
商品编号	商品名称	计量单位	最晚到货期	现有库存量	申请采购数量

制单人：　　　　　　　　　　　　　　　　　　　　　　　　　审核人：

表 14-7 库存分析表

商品编号	商品名称	单位	现有库存量	数量比例（%）	总金额	资金比重（%）	本年累计入库量	年入库量比重（%）	本年累计出库量	年出库量比重（%）

表 14-8 库存台账

日期	商品编号	商品名称	规格型号	安全库存	计量单位	出/入库	数量	单价	总金额	备注

记账：　　　　　　　审核：

表 14-9 库存统计表

统计资料起始日期			统计资料结束日期			
商品编号	商品名称	单位	期间累计入库量	期间累计出库量	现有库存量	总金额

表 14-10 盘点清单

日期：　年　月　日　　　　　　　　　　　　　　　　　　编号：

商品编号	商品名称	规格型号	计量单位	账存数量	盘点数量	盈 亏	原 因
业务员：							
合　　计							
备注							

制单人：　　　　　　　　　　　　　　　　　　　　审核人：

表 14-11 采购入库单

日期：　年　月　日　　　　　　　　　　　　　　　　　　编号：

供应商名称：

商品编号	商品名称	规格型号	计量单位	数　　量	采购单价	采购金额
合　　　计						
备　注						

制单人：　　　　　　　　　　　　　　　　　　　　审核人：

表 14-12 销售出库单

日期: 年 月 日 　　　　　　　　　　　　　　　　　　　　　　　　编号:

客户名称:

商品编号	商品名称	规格型号	计量单位	数　量	销售单价	出库金额
合　　　计						
备　注						

制单人: 　　　　　　　　　　　　　　　　　　　　　　　　　　　审核人:

表 14-13 销售出库申请单

申请单编号:

申请日期: 年 月 日 出库日期: 年 月 日 客户名称: 出库金额:

商品名称	规格型号	出库数量	计量单位	销售价格	备　注

审核人: 　　　　　　　　　　　　　　　　　　　　　　　　　　　制单人:

表 14-14 销售合同

合同编号:

制单日期: 年 月 日 　　　　　　　　　　　　生效日期: 年 月 日

到期日期: 年 月 日

客户名称: 　　　　　　　　　　　　　　　　收款方式:

备注:

商品名称	规格型号	销售单价	销售数量	计量单位	金　额	备　注
总金额						

经手人: 　　　　　　　　　审核人: 　　　　　　　　　制单人:

表 14-15 销售收款申请单

收款申请单编号：

申请日期： 年 月 日 收款日期： 年 月 日

客户名称：

商品名称	规格型号	销售单价	销售数量	计量单位	应收金额	备 注
总应收金额						

审核人： 制单人：

第 15 章 ——— 实验指导

实验 1　熟悉系统开发步骤与常见工具

1．实验目的
① 掌握 MIS 系统开发的步骤。
② 安装 Visio 软件，掌握简单的操作。

2．实验内容与要求
① 通过本实验，了解系统开发方式、开发方法和总体规划。
② 分组。每个授课班分成 10 个小组，选出组长。
③ 学生动手安装 Visio 软件。
④ 要求学生了解 Visio 软件的基本功能，熟悉 Visio 软件的界面，如工作窗口组成（菜单、工具栏、模具、图件等）。
⑤ 掌握创建模具的方法，创建流图模具。

3．课上操作习题
① 请利用软件模仿画出图 15-1 所示项目投资 TFD 和图 15-2 所示银行存取款数据流图。

业务流程图例：项目投资

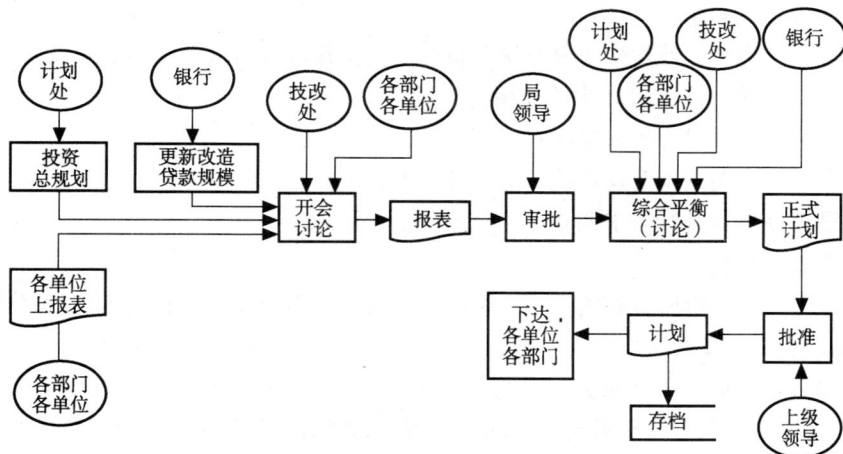

图 15-1　项目投资 TFD

银行活期存取款业务DFD

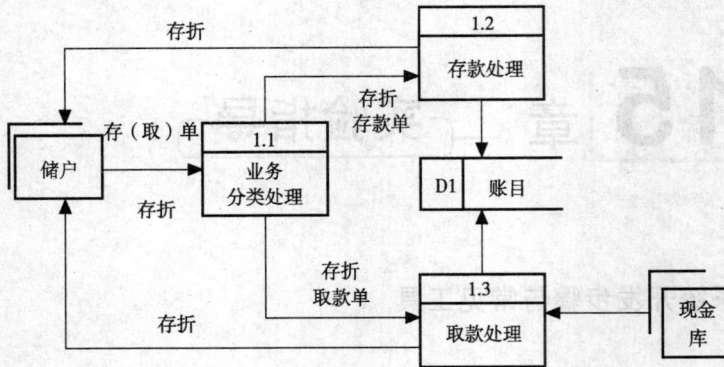

图 15-2　银行存取款数据流图

② 讨论各种不同的系统分析与设计方法存在的原因。（领域年轻？技术变化快？不同组织有不同需求？存在不同类型系统？开发系统的人在背景知识上存在差异？）

4. 课后练习

自选"系统"绘制一个逻辑数据流图。例如，上午的日常事务；做喜欢的饭，包括开胃食品、主菜、加菜和餐后甜点；等等。

实验 2　结构化系统分析（1）——系统需求调查

1. 实验目的

① 掌握 MIS 系统分析涉及的工作。

② 初步掌握"进销存"项目的背景。

③ 掌握需求调查的过程及常用方法。

④ 进行"进销存"项目的需求调查。

2. 实验内容与要求

① 通过教师讲解，使学生了解系统分析的主要工作以及需求调查的过程及常用方法。

② Case 在系统分析与设计中的应用。

③ 介绍进销存项目背景参考材料。

④ 学生上网查阅关于商业系统"进销存"的相关资料。

⑤ 对进销存项目进行需求调查。

3. 课上操作习题

① 请参考一些分析阶段相关文档（系统分析报告、系统设计报告等），以对分析阶段工作逐步熟悉与加深直观印象。

② 情景分析。假设现在某公司要与学生组成的咨询小组签订合同，开发一个新系统。在开始之前，担心学生是否具备理解他们的问题与需求的能力。最重要的是分析阶段的成败直接会影响他们是否会签订下一步的设计与实施。请同学们撰写一封倡议书或建议信（内容是关于让对方公司做好哪些方面的准备，以及介绍我方会采用什么样的策略与方式、保证时间、质量等）。这里

有一个前提增加了任务的难度：对方对应部门的经理特别忙，虽然他愿意支持我们的调查研究。该怎样处理这种情况呢？

4．课后练习

① 访问一些信息系统咨询公司的网站，尽量找到他们用于分析设计系统的方法的相关信息，了解结构化方法目前的状况。

② 利用对应的背景资料，提炼该项目的需求（业务需求、用户需求、功能需求、非功能需求）。

实验3　结构化系统分析（2）——对"进销存"项目进行组织结构及业务流程分析

1．实验目的
① 掌握组织结构图的画法。
② 掌握业务流图的画法。

2．实验内容与要求
① 教师讲解：组织结构分析。
② 将进销存项目背景参考材料进行提炼。
③ 学生根据背景材料，利用 Visio 画出组织结构图。
④ 教师讲解。结合"进"业务讲解业务流程分析。
⑤ 学生根据背景材料，利用 Visio 绘制"销"或"存"的业务流图。

3．课上操作习题
① 根据背景材料，每个同学均画出某商业企业的组织结构图。可以根据想象，不一定局限在背景材料之内。
② 根据背景材料，每个同学画出"销"或"存"项目的业务流图，为画数据流图做准备。

4．课后练习
在了解组织结构分析工作的意义之后，去一个你愿意了解和探索的企业，争取通过调研描述出关于该组织的如下基本情况，从而为进行系统开发打下良好基础。
① 组织要完成什么活动和过程。
② 组织如何构成。
③ 组织如何管理。
④ 组织中有什么类型的工作（如金融、制造、市场、客服）。

实验4　结构化系统分析（3）——根据需求模型绘制数据流图

1．实验目的
掌握数据流图的画法。

2．实验内容与要求
① 教师讲解：数据流图的基本画法。
② 学生练习，利用 Visio 画出数据流图。
③ 教师讲解："进"业务的数据流图。
④ 学生根据业务流程分析的结果，利用 Visio 画出"销"或"存"的数据流图。

3．课上操作习题

① 根据下述叙述性描述，为描述的内容绘制一个数据流图。

校园书店"课本库存系统"的目的是向学生提供课本。教学部门通过"课本主清单"向书店提交初始数据，包括课程、教师、课本和预计注册人数。书店生成"购买订单"，"购买订单"被送到供应课本的出版社。图书订单随着一个"包装清单"到达书店，被接收的部门检查和验证。学生填写包含课程信息的"购书要求"，当他们付了书款之后就得到一个"销售单据"。

② 请绘制某企业招聘人员的数据流图。该企业招聘人员流程如下：

企业中人才需求部门提出"用人需求报告"给决策部门审批，决策部门审批同意后，把用人需求信息交由人事部负责。在应聘者报名应聘后，由人才需求部门负责按照用人需求来招聘人员，并把招聘结果反馈给人事部和应聘者。如果通过招聘的应聘者本人也同意担当此职务，则应为这些拟定聘用者建立"拟聘用者考核表"，拟定聘用者需要经过试用期的考核，如果人才需求部门同意最后接收他们，并且拟定聘用者也同意留下，他们才可以转正（由试用人员身份转为正式员工），与企业签订"聘用合同"。参考答案如图 15-3 所示。

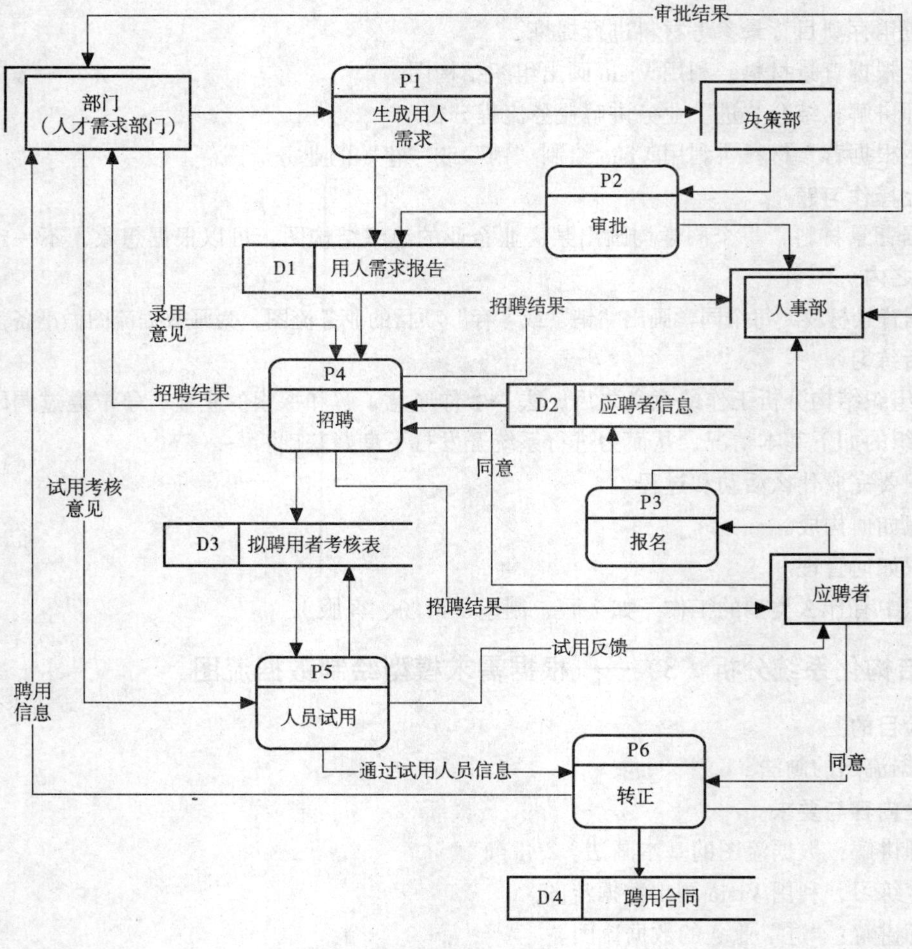

图 15-3　企业招聘人员数据流图

③ 根据 "销"或"存"项目的业务流图,要求每位同学画出"销"或"存"的数据流图,为下一步系统设计做准备。

实验 5　结构化系统分析（4）——"进销存"系统数据字典的撰写

1．实验目的
掌握数据字典的写法。

2．实验内容与要求
① 介绍数据字典的基本概念和编写规则,重点是包含的内容：数据元素、数据结构、数据流、数据存储、处理逻辑和外部实体。

② 根据"进销存"系统数据流图讲解"进"的上述 3 项数据字典的撰写。

③ 学生练习,撰写"销"或"存"的数据字典。

3．课上操作习题
① 某企业会计处理业务中的一张"收款凭证"如图 15-4 所示,请描述其数据结构的数据字典。

收 款 凭 证

借方科目：银行存款　凭证号：**105 2010年8月9日**

摘要	贷方科目	金额	
收 鞍钢欠款	应收账款-鞍钢	**15000000**	附单据5张
	合计	**15000000**	

会计：王年　　　制单：李刚　　　审核：韩京清

图 15-4　收款凭证

② 某校"学生登记卡"格式如图 15-5 所示,试用数据字典表示。

_____系学生登记卡

班　号		学　号		入学日期		
姓　名		曾用名		性　别	民　族	
出生日期				籍　贯		
政治面貌				是否华侨		

本人简历	开始时间	结束年月	在何地

家庭主要成员	姓名	关系	年龄	职务	工作单位

图 15-5　学生登记卡

③ 图 15-6 和图 15-7 为某企业人力资源部门（或者人事劳资部门）招聘面试工作的数据流图的顶层图和一层图。请根据数据流图，描述招聘面试的工作流程，并撰写数据字典（重点撰写：数据流、数据存储、处理逻辑、外部实体）。

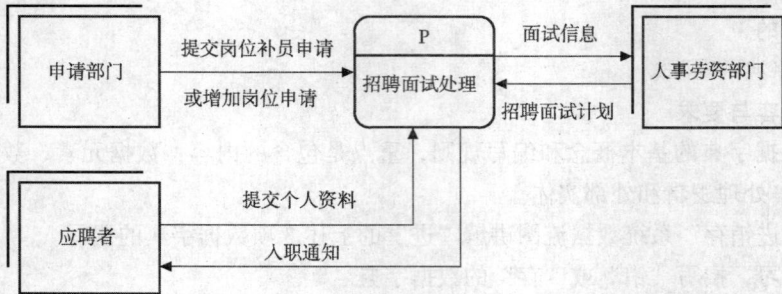

图 15-6 招聘面试管理模块数据流图顶层图

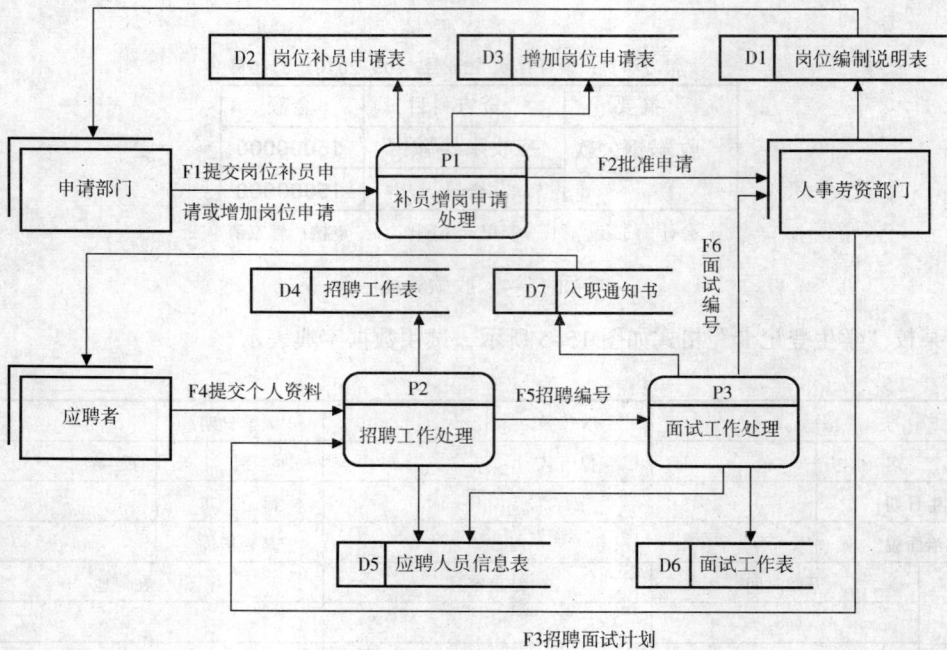

图 15-7 招聘面试管理模块数据流图一层图

实验 6 结构化系统分析（5）——"进销存"系统需求分析报告的写作

1. 实验目的

① 了解学生掌握系统分析情况。

② 学会撰写系统需求分析报告。

2. 实验内容与要求

① 介绍系统需求分析报告的主要构成、写作方法。

② 提供学生需求分析报告的模板。

③ 以小组为单位撰写系统需求分析报告。

3．课上操作习题

学生撰写"进"或"销"的系统需求分析报告，以小组为单位提交。

实验 7　结构化系统设计（1）——绘制网络结构图、功能模块图、进行代码设计

1．实验目的

① 掌握系统设计阶段的内容。

② 掌握"进销存"项目的网络结构设计。

③ 掌握"进销存"项目的功能模块设计。

④ 掌握"进销存"项目的代码设计。

2．实验内容与要求

① 教师讲解：介绍系统设计的主要工作。

② 概要设计和详细设计的具体任务。

③ 根据系统需求分析报告的内容，做好进行系统设计的准备。

④ 结合"进销存"项目介绍及方案的设计方法，进行网络结构设计。

⑤ 教师讲解："进"项目的功能结构图。

⑥ 教师讲解：以"进"为例讲解代码设计的原则。

3．课上操作习题

① 上网查询系统设计的相关资料，然后进行小组讨论。系统设计的主要目标是什么？系统分析和系统设计的重点有何不同？

② 在 Visio 中绘制出本项目的网络结构图。

③ 在 Visio 中绘制"销"或"存"的功能模块结构图。

④ 对"销"或"存"进行代码设计。

实验 8　结构化系统设计（2）——数据库设计

1．实验目的

① 掌握概念设计、逻辑设计、物理设计工作所涉及的主要内容。

② 掌握"进销存"项目的数据库设计。

2．实验内容与要求

① 教师讲解：以"进"为例介绍数据库概念设计的主要工作。

② 根据"进"项目业务的数据流图和数据字典进行系统数据库的概念设计，绘制 E-R 图。

③ 教师讲解：以"进"为例介绍数据库逻辑设计的主要工作。

④ 根据 "进"项目业务讲解将概念设计转化成逻辑设计的转换过程。

⑤ 教师讲解：以"进"为例介绍数据库物理设计的主要工作。

⑥ 根据"进"项目业务讲解根据逻辑设计如何进行物理设计。

⑦ 在 Visio 中绘制"进"项业务相应的图示。

3．课上操作习题

① 每人在 Visio 中画出"销"或"存"业务相应的 E-R 图，并以小组为单位提交一份比较完善的 E-R 图。

② 将小组的概念设计模型转换成逻辑设计模型，提交"销"或"存"业务的逻辑设计结果。

③ 将小组逻辑设计模型转换成物理设计模型，学生对"销"或"存"业务进行数据库物理设计。

实验 9　结构化系统设计（3）——"进销存"项目应用程序设计

1．实验目的
① 掌握程序设计设计的内容。

② 掌握"进销存"项目的程序设计。

2．实验内容与要求
① 教师讲解：以"进"为例介绍程序设计的主要工作。

② 进行系统的应用程序结构设计，并在 Visio 中绘制相关的图表。

3．课上操作习题
进行销售或库存的程序流程设计，提交程序流图。

实验 10　结构化系统设计（4）——"进销存"系统 I/O 设计

1．实验目的
掌握 I/O 设计的内容。

2．实验内容与要求
① 教师讲解：以"进"为例介绍 I/O 设计的主要工作（先介绍输出设计，后介绍输入设计）。

② 对"销"或"存"项目进行输出和输入设计。

③ 要求学生每人设计 2～3 个输出及输入界面。

④ 以小组为单位提供"销"或"存"输出和输入设计的文档。

3．课上操作习题
进行销售或库存的 I/O 设计。

实验 11　结构化系统设计（5）——"进销存"系统人-机界面的设计

1．实验目的
掌握人-机界面设计的内容。

2．实验内容与要求
① 教师讲解：以"进"为例介绍人-机界面设计的主要工作。

② 对"销"或"存"项目进行人-机界面设计。

③ 要求学生每人设计 2～3 个界面。

④ 以小组为单位提供"销"或"存"人-机界面设计的文档。

3．课上操作习题
进行销售或库存的人-机界面设计。

4. 课后练习

继续进行人–机界面设计的练习，学习在 Visio 中绘制界面的原型图。

实验 12　结构化系统设计（6）——系统设计说明书的撰写

1. 实验目的

① 了解学生掌握系统设计情况。

② 学会撰写系统设计说明书。

2. 实验内容与要求

① 介绍系统设计说明书的主要构成、写作方法。

② 提供学生模板。

③ 学生撰写"存"或"销"的系统设计说明书。

实验 13　面向对象系统分析与设计（1）——用例图

1. 实验目的

掌握用例图的画法。

2. 实验内容与要求

① 教师讲解：讲解用例图。

② 针对本项目的采购业务介绍角色与用例，各用例的事件流以及用例之间的关系（包含、泛化、扩展）。

③ 学生练习，利用 Visio 画出用例图。

3. 课上操作习题

① 画出饮料自动售货机的类图。饮料自动售货机的主要功能是允许一个顾客能够购买一罐饮料。

- 用例：

　　　　Buy soda（买饮料）

　　　　Restock（供货）

　　　　Collect（收款）

- 参与者：

　　　　Customer（顾客）

　　　　Supplier's Representative（供货代表）

　　　　Collector（收款人）

② 完成用例的详细描述，在文档重要描述下列内容。

- 发起用例的参与者；
- 用例的前置条件；
- 场景中的步骤；
- 场景完成后的后置条件；
- 从用例中获益的参与者。

参考答案：

① 饮料自动售货机的类图如图 15-8 所示。

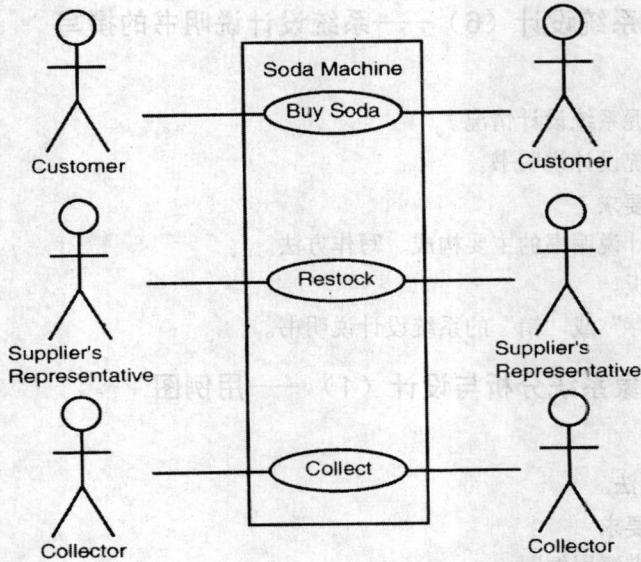

图 15-8 饮料自动售货机的类图

- 买饮料用例

用例发起人（actor）：Customer（顾客）

前置条件： 顾客感到口渴

场景中的步骤

后置条件： 顾客得到一罐饮料或顾客投入的钱被退回

顾客得到一罐饮料和找回零钱或者按原款归还钱

从用例中获益的参与者：Customer（顾客）

- 供货用例

用例发起人（actor）：供货代表（Supplier's Representative）

前置条件：是一个时间间隔的流逝

场景中的步骤

后置条件：供货者在机器中放置了新的待售饮料

从用例中获益的参与者：供货代表（Supplier's Representative）

- 取钱用例

用例发起人（actor）：收款人（Collector）

前置条件：是一个时间间隔的流逝

场景中的步骤

后置条件：是收款人收到了钱

从用例中获益的参与者：收款人（Collector）

实验 14　面向对象系统分析与设计（2）——活动图

1．实验目的
掌握活动图的画法。

2．实验内容与要求
① 教师讲解：针对本项目的采购业务介绍涉及的活动图。

② 学生练习：利用 Visio 画出本项目采购模块的活动图。

3．课上操作练习
活动图设计系统的动态视图实战——某公司在线购物的控制流程为：

① 接收在线订购：客户在线下单采购公司产品。

　　动作（Action）：在线输入采购清单

② 动作（Action）：客户服务部接收到订单，检查订单是否正确。

- 正确：执行动作③；
- 不正确：发出一封订购失败的 E-mail 给客户，请客户检查订单；执行动作结束。

③ 同步动作：订单转仓管部出货。

　　订单转财务部门收款处理

④ 确认客户收到采购的货品。

- 正确：执行动作⑤；
- 不正确：执行动作④。

⑤ 确认客户已完成收货付款。

- 正确：执行动作⑥；
- 不正确：执行动作⑤。

⑥ 确认送货人员将收到的款项交于财务部。

- 正确：执行动作⑦；
- 不正确：执行动作⑥。

⑦ 财务部门做订单结案处理。

⑧ 结束。

请利用 UML 的活动图设计执行如上动作的活动图。

实验 15　面向对象系统分析与设计（3）——类图

1．实验目的
掌握类图的基本画法（类、关系及方法）。

2．实验内容与要求
① 教师讲解：讲解类图。

② 针对本项目的采购业务介绍涉及的类，以及采购业务中各个类之间的关系（关联、泛化、聚合和组合、依赖）。

③ 学生练习，利用 Visio 画出本项目采购模块的初始类图。

3．课上操作习题

为下列事件画出一张类图：系统存储两个事物（汽车和汽车拥有者）的信息；汽车有牌子、型号和出厂日期等属性；汽车拥有者有姓名和地址等属性。假设一辆汽车必须拥有一个拥有者，而一个拥有者可以拥有多辆汽车，但一个拥有者也可能没有任何汽车（也许他刚刚卖掉汽车，但我们仍须为他在系统中保留一条记录）。并请在图中画出具有特定属性的跑车、轿车和小型货车子类。

实验 16　面向对象系统分析与设计（4）——状态图

1．实验目的

掌握状态图的画法。

2．实验内容与要求

① 教师讲解：针对本项目的采购业务介绍涉及的状态图。

② 学生练习：利用 Visio 画出本项目采购模块的状态图。

3．课上操作习题

使用状态图解决的实际问题。

环球宇宙贸易公司的库存管理部门固定时间执行各仓库的盘点工作，其盘点的方式是使用盘点器（掌上型数据收集器）跟公司的主要数据库服务器（Database server）利用联机网络在线连接或者无线连接。执行实时联机更新环境，其执行程序说明如下：

① 联机环境建立。盘点使用盘点器（掌上型数据收集器）与公司的计算机设备联机，建立实时的在线处理环境。

② 仓管人员使用盘点器开始盘点货品（利用盘点器读取产品条码（Barcode））。

③ 读入后，盘点器上会触发程序事件，检查读取的产品是否已在产品主文件和库文件中建立（实时联机处理）。

④ 若不存在，则新增该产品到主文件和库存文件中。

⑤ 将产品的盘点数量写入数据库主文件的盘存字段中。

⑥ 继续盘点下一产品。

⑦ 全部盘点完成，则关闭盘点器和联机。

其状态图如图 15-9 所示。

参考答案：

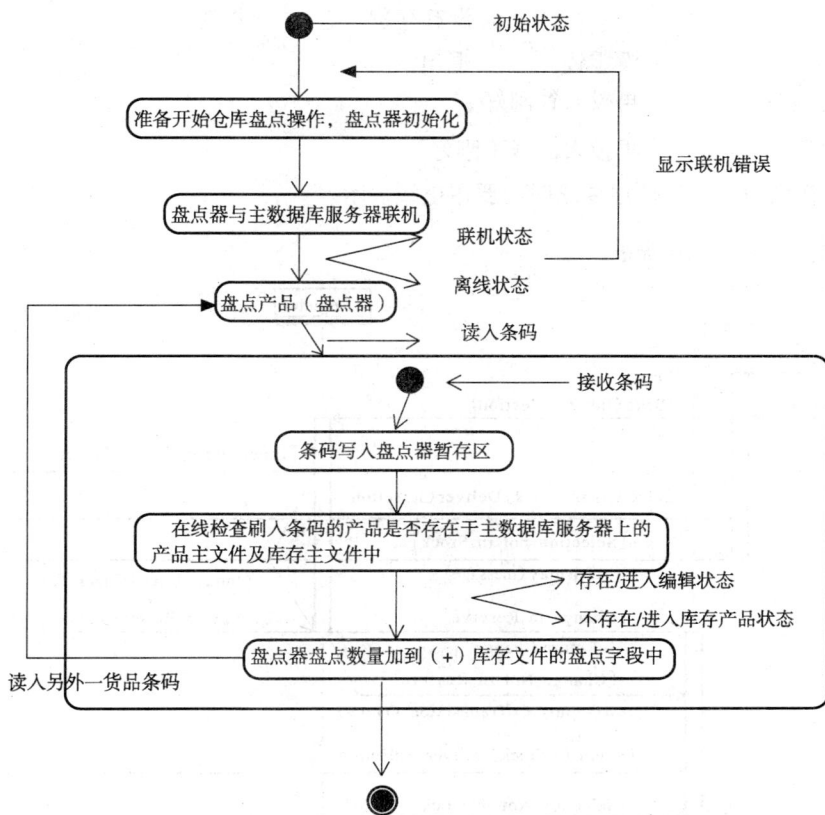

图 15-9　状态图

实验 17　面向对象系统分析与设计（5）——交互图

1．实验目的

掌握交互图的画法。

2．实验内容与要求

① 教师讲解：讲解交互图（要求学生理解顺序图中对象、消息、时间等内容；同时，要求学生理解协作图强调的是交互的语境和参与对象的整体组织，它按照空间组织布图）；针对本项目的采购业务介绍涉及的顺序图与协作图。

② 学生练习：利用 Visio 画出本项目采购模块的交互图。

3．课上操作习题

① 画出用例"Buy Soda"的顺序图。参考如下说明：

- 投入的钱刚好：　　　有饮料

　　　　　　　　　　没有饮料　　　选其他的饮料

　　　　　　　　　　　　　　　　退钱

- 投入的钱多：　　　　有零钱　　　　　有存货　　　　　退余额

　　　　　　　　　　　　　　　　　　　没有存货　　　　再选

　　投入的钱多：　　　没零钱　　　　退出
- 投入的钱少：　　　　再投入钱刚好

　　　　　　　　　　　　再投入的钱不刚好

当不同的激活没有时间顺序要求时，要用虚线表示。

参考答案：如图 15-10 所示。

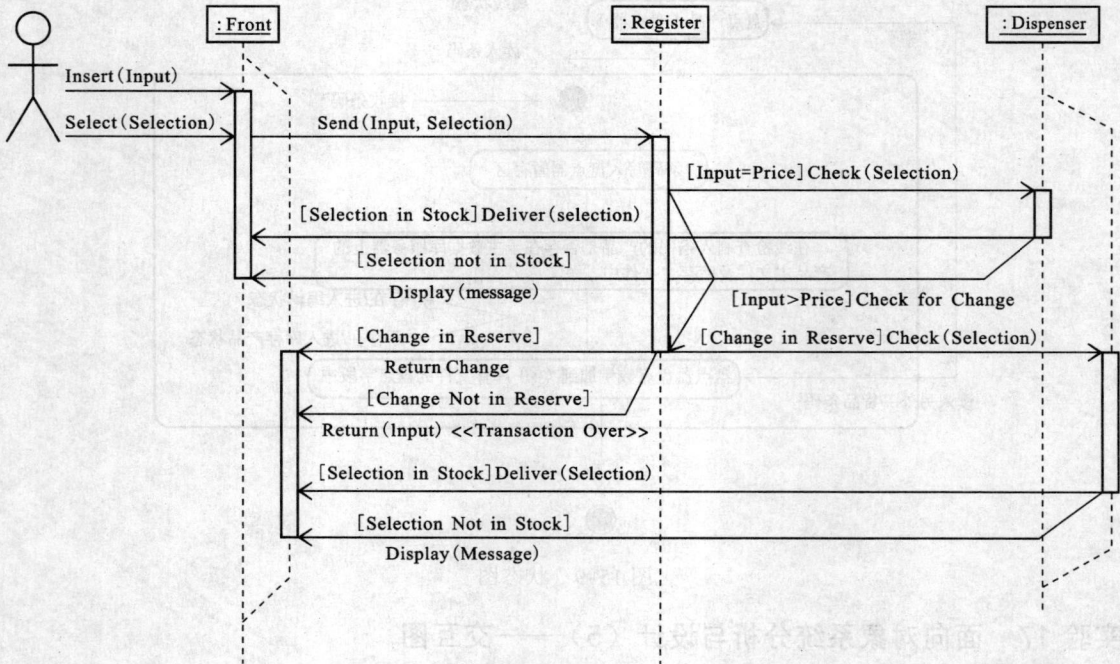

图 15-10　用例"Buy Soda"的顺序图

② 画出 Buy Soda 的最理想的场景下的交互序列，请参考以下说明：
- 顾客向机器前端的槽缝中投入钱币；
- 顾客作出选择，选择所要购买的饮料品种；
- 由于这是一个理想状况下的场景，假设有饮料存货. 则记录仪控制分配器将一罐饮料投递到销售机的前端。

参考答案：如图 15-11 所示。

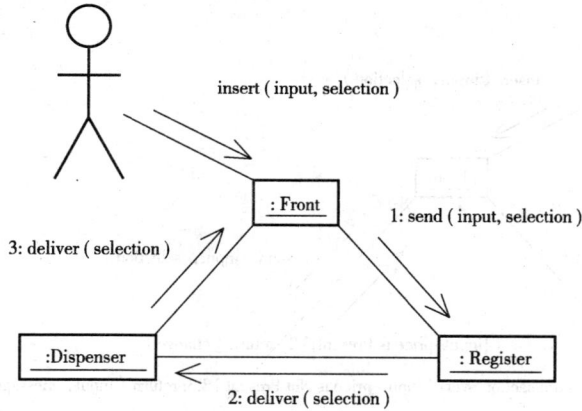

图 15-11   用例 buy soda 的最理想场景的协作图

③ 画出"钱数不正确"场景的协作图。这个协作图中要出现以下几个条件：

- 用户输入的钱数超过了所要购买的饮料价格；
- 饮料售货机备有可找给顾客的零钱；
- 饮料售货机备没有可找给顾客的零钱。

参考答案：如图 15-12 和图 15-13 所示。

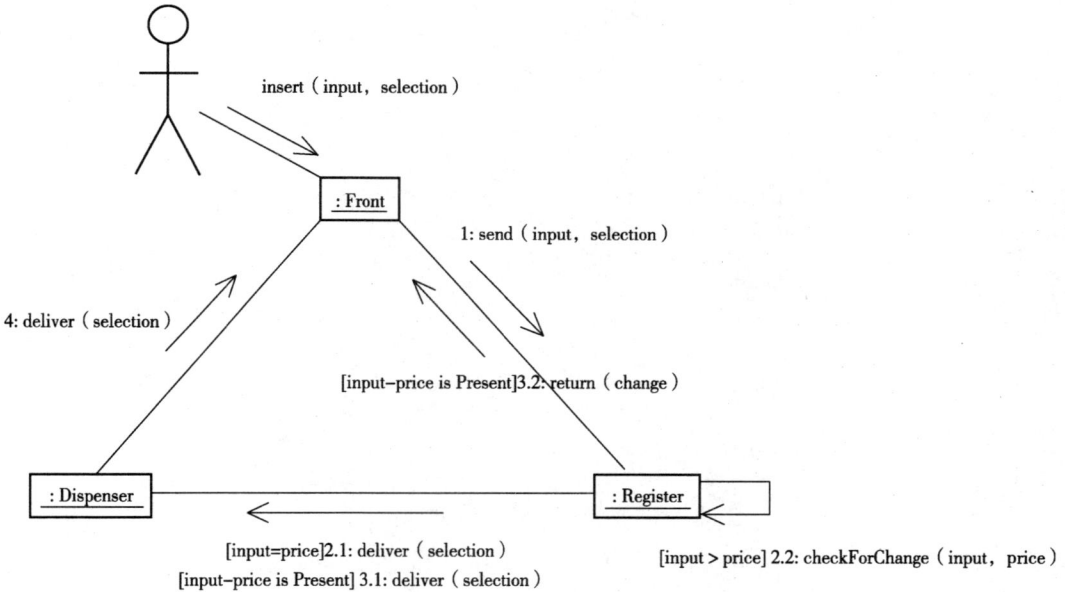

图 15-12   "钱数不正确"场景的协作图

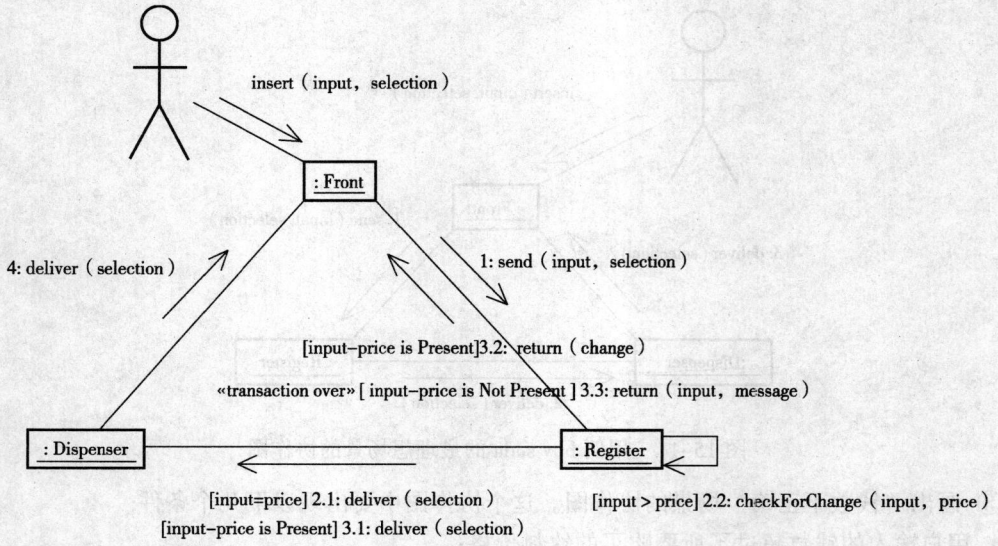

图 15-13 "买饮料"与"钱数不正确"场景的完整协作图